# ERREURS

DES

## Privilégiés

DE LA

## Paix Perpétuelle

---

PARIS
—
1899

8°R
16084

# ERREURS

### DES

# PRIVILÉGIÉS DE LA PAIX PERPÉTUELLE

Traduction et reproduction rigoureusement interdites.

# ERREURS

DES

## Privilégiés

DE LA

## Paix Perpétuelle

———•———

PARIS
—
1899

# AVANT-PROPOS

Ce livre, où est exposée pour la première fois la théorie de la paix, était écrit il y a six ans déjà. Des causes indépendantes de la volonté de son auteur en ont retardé la publication. Il demeure toujours vrai. Le problème international y est exposé en termes précis. Il indique en outre, en ce moment précieux, aux gouvernements comme aux peuples, les raisons décisives de conclure enfin un accord sérieux, une paix durable. Que si les gouvernements ne réalisent pas ces réformes, les nations en Europe, sinon demain, du moins dans le cours du siècle prochain, les accompliront.

# INTRODUCTION

En Europe, les lois de la conscription générale ont divisé la nation en trois classes : les soldats, les chefs militaires et les privilégiés. Les soldats sont ceux qui servent obligatoirement ; les chefs militaires, ceux qui servent volontairement ; les privilégiés, ceux qui ne servent pas du tout. Parmi les privilégiés, il y a les amis de la paix et les partisans de la guerre. Ces derniers sont de beaucoup les plus nombreux. Ce sont leurs préjugés et leurs préventions en matière internationale, sur la nature des rapports des peuples, que nous allons exposer.

Des erreurs réfutées dans cet écrit, beaucoup sont communes à tous les privilégiés, quels que soient leurs sentiments envers la paix, les erreurs qui ont leur source directe dans l'exemption du service militaire, dans l'ignorance de la condition de soldat et l'inexpérience qui en est l'inévitable conséquence ; mais un plus grand nombre n'appartient qu'aux ennemis de la paix. D'où on peut justement conclure que, quoique les privilégiés amis de la paix n'aient pas aimé directement cette réforme, qu'ils l'aient poursuivie plutôt comme un moyen que comme un but, la subordonnant à un autre progrès tel, par exemple, que celui du bien-être des nations, néanmoins comme ils ont aimé la paix, bien qu'en jouissant personnellement, on peut dire que, de tout temps et surtout durant le cours de ce siècle où ils sont devenus plus nombreux, ils ont été l'élite des nations, les défenseurs de l'intérêt commun des peuples, et, sans s'en douter, pour ainsi dire les amis et les représentants des soldats. Ils sont aussi les amis de la liberté, non point de cette liberté politique à laquelle ils se croient uniquement dévoués, mais aussi de la liberté de la paix, dont la reconnaissance est attachée à la paix définitive.

Mais ce qui sera la gloire éternelle des amis de la paix, c'est de l'avoir aimée, bien qu'eux-mêmes dans leur personne fussent à l'abri de tous les maux de la guerre; leurs efforts resteront comme l'honneur de la nature humaine. Sans pouvoir être pénétrés de cette conviction inébranlable, de cette foi invincible des soldats dans la paix, sans avoir les causes les plus personnelles de la désirer et par conséquent une volonté indomptable de l'établir, néanmoins ils l'ont demandée au nom de ces principes de raison, de justice, de morale, qui ont si peu touché jusqu'à ce jour les gouvernements et les assemblées; ils l'ont demandée sans se décourager, sans renier ces principes, quoiqu'on se moquât de la raison en les appelant utopistes, qu'on se rît de la justice en disant qu'un État ne pouvait vivre qu'à la condition d'être injuste, qu'on foulât aux pieds la morale et qu'on s'en fît gloire !

Inspirés par l'intérêt du commerce, ils ont acquis plus d'influence, sans réussir cependant à émouvoir les nations, ni même la classe dont ils servaient plus spécialement la cause. Par une de ces contradictions dont la sagesse étonne et fait qu'on ne désespère jamais de la civilisation, c'est la guerre qui devait se porter à elle-même, de ses propres mains, le coup le plus terrible, en enlevant à des milliers d'hommes le privilège de la paix qu'elle leur avait laissé jusqu'à ce jour, sinon en principe, du moins en fait. La guerre a voulu des soldats pris, non seulement dans les dernières classes, mais dans l'élite des nations. Elle a promulgué les lois de la conscription générale. Les soldats maintenant, après les moralistes, les philosophes, les économistes, vont la combattre, les soldats, c'est-à-dire les peuples eux-mêmes qui l'aboliront.

# CHAPITRE PREMIER

## ERREUR DE LA PERPÉTUITÉ DE LA GUERRE

**I. — Pourquoi la paix définitive est possible.**

Quelle est la cause première de l'indifférence, du scepticisme, de l'inimitié antipacifiques du plus grand nombre des privilégiés? C'est précisément qu'ils ont toujours joui de la paix, et que, chose particulière à la nature humaine et qui en atteste l'imperfection, on méprise un bien dont on n'a jamais été privé ou la réforme qui pourrait rendre ce bien à ceux qui l'ont perdu. Il y a peu de temps encore, avant l'application, dans les grands États de l'Europe, du service militaire universel et obligatoire, les privilégiés formaient l'immense majorité; les soldats étaient relativement en petit nombre et pour la plupart illettrés ou sans fortune; les chefs militaires étaient encore moins nombreux. Aujourd'hui la proportion est renversée. Les soldats sont la classe la plus nombreuse et composée à la fois par le peuple et par la bourgeoisie, de sorte qu'on peut dire qu'elle est la nation elle-même. Les privilégiés ne sont plus que la minorité, et, quant aux chefs militaires, c'est-à-dire ceux qui servent volontairement, leur nombre s'est accru. Je dis que les soldats, que les nations, en d'autres termes, sont converties à la réforme internationale, à l'établissement de la paix définitive en Europe, à l'institution de la justice et de l'ordre dans les rapports mutuels des États. Qu'est-ce qui a produit ce grand changement? Les lois de la conscription générale, l'expérience personnelle des conséquences de l'existence de la guerre, et, de toutes ces conséquences, l'expérience de la plus funeste qui est la condition de soldat. Les privilégiés ennemis de la paix sont encore convaincus que la guerre est indestructible, et, de toutes leurs erreurs, celle-là est certainement la plus répandue et la plus enracinée. Je ne répéterai pas ici tous les arguments que les amis de la paix, bien qu'affranchis de toute servitude militaire, ont développés pour combattre et réfuter cette erreur. Je dirai aux privilégiés que non seulement ils se trompent en prétendant que la guerre est éternelle et que jamais la paix définitive ne sera établie en Europe, mais encore qu'ils n'ont pas analysé leurs propres actes et qu'ils ignorent toutes les conséquences des propres lois qu'ils ont promulguées; je leur dirai qu'ils ne se connaissent pas eux-mêmes et qu'ils ne connaissent pas leur temps, et qu'ils n'ont point conscience qu'ils ne sont désormais qu'une infime fraction des nations, et que, quoiqu'ils aient le pouvoir, quoique par leur âge ils possèdent toute influence dans les gouvernements et dans les assemblées, néanmoins ils ne représentent déjà plus les peuples, puisqu'ils ne font point partie de la classe la plus nombreuse qui est celle des soldats. Or, les soldats, je l'affirme, non seulement les soldats éclairés, mais aussi les soldats dépourvus d'instruction, ont intuitivement pour ainsi dire l'idée de la possibilité de l'établissement de la paix définitive en Europe. Ce qui paraît aux privilégiés un idéal inaccessible, parce qu'ils n'ont aucun intérêt direct, personnel, individuel, au progrès international, ce qui leur paraît, dis-je, un idéal, semble aux soldats une réforme très difficile, mais parfaitement réalisable. Et on voit par là l'immense changement qui s'est accompli dans l'esprit humain, sans que les gouvernements ni les parlements, composés de privilégiés, s'en doutent. Dans une assemblée formée exclusivement de soldats, cette erreur de croire que l'établissement de la paix définitive en Europe est impossible, sur mille soldats présents, n'aurait certainement pas vingt défenseurs, de quelque nationalité que fussent les soldats de cette assemblée, à quelque pays de l'Europe qu'ils appartinssent.

En affirmant que la paix est une utopie, que disent autre chose les privilégiés, sinon que l'ordre international ne peut point être fondé ? Or, ne devraient-ils pas conclure au contraire à la possibilité de cette réforme par ce fait seul que la justice sert de base aux rapports des particuliers ? L'ordre existe au sein des États et il sera établi entre eux à une époque moins reculée qu'on ne le présume trop souvent. La situation internationale caractérisée, même à la fin du XIXe siècle, par l'absence de relations policées de peuple à peuple, ne restera point toujours aussi imparfaite, aussi déplorable, parce qu'elle est antijuridique, antisociale, contraire aux principes fondamentaux de la justice et de l'ordre. N'aurions-nous que cet argument pour préjuger la certitude de la paix définitive que nous serions encore convaincus de l'abolition inévitable de la guerre en Europe.

Le droit d'être juge et partie dans sa propre cause, tel est le droit positif, je veux dire légal et constitutionnel, dont jouit chaque peuple dans l'état actuel des choses, et de ce fait seulement nous connaissons par avance l'imperfection profonde des rapports publics. Ce droit engendre originellement dans les pensées et dans les actes un naturalisme violent, un égoïsme aigu, le mépris des lois divines et humaines. Il impose aux peuples des charges excessives; il les place respectivement dans une situation des plus périlleuses; il se résume dans l'effort de tous contre tous au détriment du bien général. En l'analysant *a priori*, sans considérer les maux qu'il entraîne, on constate qu'il est en opposition formelle avec les données les plus sûres de la raison, de la morale et de la justice. Il doit donc tôt ou tard disparaître. Et cette présomption certaine est le fruit qu'il faut retirer de la connaissance exacte, de l'examen fidèle de la situation internationale. Si l'esprit public était bien pénétré de cette simple vérité que les rapports des peuples ne sont pas juridiques, on arriverait sans effort à cette conviction que l'état de guerre n'est point éternel.

Le recours aux armes est-il un droit absolu, spéculativement irréfutable? Non. Dans la vraie théorie des rapports d'États, dans la bonne conception des relations internationales, aux fins de la société européenne, le droit de guerre est inadmissible, parce qu'il n'y a point de droit de se faire justice soi-même, principe aussi bien applicable aux États qu'aux particuliers. Le droit de guerre n'appartient théoriquement à aucun État, parce qu'aucun d'eux n'a le droit d'être juge et partie dans sa propre cause. Les gouvernements violent ce principe supérieur sans scrupule. Ils n'ont pas cette conscience de la justice. Ce n'est la conviction d'aucun ministre en Europe, ni l'opinion prépondérante dans aucun Parlement que les constitutions nationales doivent être modifiées dans un sens juridique. La seule influence d'une conviction semblable, si elle pénétrait profondément l'âme et la raison des assemblées et des gouvernements en Europe, hâterait l'avènement de la paix définitive. Mais les privilégiés n'ont qu'une conception féodale des bases sur lesquelles il faut organiser les rapports des peuples. Ils sont indifférents à l'extension des idées de justice et de liberté aux relations internationales, sinon ils rechercheraient les moyens de faire prévaloir enfin entre les États l'ordre qui a prévalu déjà entre les particuliers. Quel est le gouvernement qui s'applique à ce progrès de la civilisation? Quelle est l'assemblée qui s'est catégoriquement prononcée en faveur de cette réforme? Malgré leur indifférence, la médiocrité de leurs vues, leur foi aveugle dans les errements du passé, ce principe nécessaire que nul ne doit se rendre justice lui-même, principe qui est le fondement des sociétés civiles, le gage de la paix intérieure des États, ce principe ineffaçable triomphera en matière internationale comme il a triomphé dans les rapports individuels.

La position respective des États est caractérisée par ce fait que leurs différends ne sont pas soumis à des juges ou à des arbitres. En d'autres termes les peuples n'ont point de rapports juridiques. Ils vont avoir le vif sentiment de cette situation, aujourd'hui si redoutable par l'accroissement exagéré des forces militaires, sentiment aussi fort que celui qu'on en aura quand la paix définitive sera établie, et que, comparant l'état de paix à l'état de guerre et appréciant les bienfaits du nouveau régime, les peuples étonnés se demanderont comment les États ont pu demeurer si longtemps sans institutions communes, sans lois collectives, indépendants, pour leur plus grand malheur, de la justice et de l'ordre.

Les améliorations de toute nature accomplies par l'humanité et déclarées d'abord irréalisables, la marche incessante de la civilisation, le développement de la conscience publique, le règlement pacifique des litiges individuels, le germe de perfectibilité qui est en nous, autant d'indications générales à l'encontre de cette erreur si répandue de la perpétuité de la guerre. Mais l'esprit des privilégiés ne se laisse pas pénétrer par ces considérations, suffisantes cependant par elles-mêmes, si leur raison était vigoureuse. Ce sont d'excellents arguments. Ils les rejettent *a priori* ou plutôt ils ne s'y arrêtent point, n'ayant jamais réfléchi sur cette réforme de la paix définitive et sur le jugement qu'ils en portent.

L'espérance de civiliser les rapports d'États leur paraît chimérique parce qu'ils ignorent les progrès du mouvement pacifique, les efforts des amis de la paix durant les soixante dernières années. Or, ces progrès ont été plus importants que tous ceux que l'on peut signaler dans le cours de dix-huit siècles. Il a fallu en effet arriver à notre époque pour voir la formation d'associations pacifiques, la réunion de congrès de la paix, la présentation aux Parlements de propositions ou d'adresses tendant à l'abolition de la guerre. Ces trois grands faits, les sociétés, les congrès, les propositions de désarmement, ont eu lieu depuis la Révolution française. Jusqu'en 1816, il n'y a pas eu une seule société de la paix en Europe. L'action contre la guerre date d'un demi-siècle environ, et déjà elle s'est traduite par des travaux et des actes significatifs. Mais les privilégiés ont l'habitude de tenir pour négligeables les événements concernant directement la pacification, et de n'en tirer, malgré leur nouveauté même, aucune leçon.

L'un d'eux a écrit que celui qui trouverait l'art de diriger les ballons ferait beaucoup pour le rapprochement des peuples. Ainsi ce qui fondera la paix définitive en Europe, ce ne sont pas les écrits, les réunions, les résolutions contre la guerre, notre foi et notre volonté individuelles, les maux toujours croissants de l'absence de lois internationales, ce qui instituera un tribunal arbitral, c'est l'art de voyager en l'air! Si vous voulez, soldats du peuple et de la bourgeoisie, abolir la guerre, faites-vous aéronautes, étudiez les courants de l'atmosphère et appliquez-vous jour et nuit à chercher le principe de la locomotion aérienne. Voilà ce qu'invente l'indifférence en matière pacifique ! Il est évident que la guerre durera toujours si l'on compte sur l'invention de la manière de diriger les ballons pour l'abolir. S'en remettre aux aéronautes du soin de fonder des relations policées entre les peuples, ce n'est que dans la pensée d'un privilégié que pouvait éclore un tel espoir. Il est incroyable que l'esprit humain puisse descendre à un tel degré de faiblesse.

Ce privilégié n'aurait pas été moins surprenant s'il avait soutenu que l'on ne trouverait la direction des ballons qu'autant que la paix définitive serait établie en Europe. Il eût bien fait rire les aéronautes et il n'égaye pas moins les amis de la paix, mais cette erreur devrait exciter le mépris de tous les hommes seulement sensés, car c'est manquer au bon sens de subordonner une réforme purement morale à une découverte scientifique. C'est faire la plus étrange des confusions. Quelle est l'origine de tous les progrès, sinon la volonté humaine, et cette volonté ne peut-elle pas s'appliquer à l'entente légale des États, sans se préoccuper autrement de la direction des ballons, comme aussi ce grand progrès scientifique peut faire l'objet des études de beaucoup de savants, en même temps que l'abolition de la guerre en Europe est préparée par plusieurs associations pacifiques et désirée par le plus grand nombre de ceux qui supportent tout le poids de l'existence de ce fléau, c'est-à-dire par les soldats? Car ce sont les soldats, ignorant privilégié ! qui modifieront la nature des relations internationales, non les aéronautes, dont le but, en cherchant les moyens de guider les ballons contre les vents, n'aura pas été, ce semble, de doter l'Europe de lois et d'institutions communes. On ne saurait croire à quelle déraison entraîne l'indifférence en matière pacifique, et combien ceux qui n'ont point la conviction du plus nécessaire et du plus inévitable progrès dans les rapports internationaux, devraient être attentifs à ce qu'ils écrivent ou à ce qu'ils disent dès qu'ils traitent, soit longuement, soit en passant, de l'établissement de la paix définitive en Europe. Parler des ballons, quand il s'agit d'ordre dans les rapports des peuples, et des obstacles des vents, quand il faut vaincre l'opposition que créent les erreurs et les préjugés, c'est assurément divaguer, et, quelque sévère que soit ce jugement, il est certain que la plupart des objections faites à l'abolition de la guerre, ne sont que de ridicules ou d'extravagantes erreurs. Mais l'incrédulité au progrès de la civilisation générale ne raisonne pas. Ce scepticisme conduit à établir un lien entre des expériences sur les ballons et la révision pacifique des constitutions nationales! Que dire encore de cette contradiction si fréquente que *personne ne veut la guerre* et que ce fléau est indestructible! Il semble, dès qu'il s'agit de l'abolition de la guerre, que le même homme, qui parle avec talent sur toutes les affaires publiques ou qui aborde sans peine les problèmes philosophiques les plus ardus, perde tout d'un coup la vigueur de son intelligence et même les lumières d'une raison ordinaire. Cette réforme de la paix définitive paraît si extraordinaire aux esprits prévenus, qu'il n'est point d'erreur si évidente qu'ils n'acceptent dès qu'il en est question.

Ainsi beaucoup de privilégiés comptent encore, pour le désarmement, sur le développement de l'instruction, ou la multiplicité des mariages entre époux de nationalité différente, ou l'accroissement des échanges et des transactions commerciales, tous progrès qui les laissent inactifs en matière pacifique, qui ne mettent pas en branle leur propre volonté, leur propre activité, dont le mouvement serait au contraire ce qu'il y aurait de plus fécond pour la paix, si à leurs convictions venaient se joindre ces actes, promoteurs de toute réforme, les écrits, les réunions et les associations, les discours et les élections pacifiques. Mais ils laissent de côté leur action et leur volonté personnelle; ils ne veulent voir la possibilité de l'établissement de la paix définitive que par des moyens qui y sont absolument ou quasi étrangers. Ce fait étonne sans cesse qu'ils fassent toujours abstraction d'eux-mêmes dans les moyens d'assouplir les relations internationales en Europe aux principes de la justice et de l'ordre. Si on leur demande ce qu'ils feront en faveur de l'abolition de la guerre, ils répondent: Rien, nous ne pouvons rien. Ils affirment purement et simplement qu'ils ne sont point des amis de la paix, qu'ils désirent la perpétuité de la guerre, la durée éternelle des lois de la conscription générale. C'est là ce qu'ils déclarent, et ce dont néanmoins ils se défendent immédiatement, si on leur fait remarquer la portée de leurs paroles. Mais aucun sophisme ne surprend les privilégiés. Ils pensent qu'on peut tout à la fois soutenir que la paix définitive est un progrès impossible et cependant ne pas être un partisan de la guerre, un ennemi de la pacification européenne !

Si le rapprochement juridique et légal des peuples était un dessein chimérique, ce serait un projet déraisonnable. Et il n'en est pas de plus conforme à la raison ! Comment affirmer qu'il est sage, admissible, sensé, l'honneur n'étant point en jeu, de vider un différend par les armes ? La raison rejette sans objection l'emploi de la force pour régler un différend, l'ordre social également, et aussi la faculté d'obtenir justice, mieux servie par la défense juridique que par la revendication individuelle à main armée. L'institution d'un tribunal international est l'idée raisonnable par excellence ; la solution pacifique des litiges internationaux, l'honneur de la raison humaine. Il est donc insensé de dire que la paix définitive est une utopie. La paix permanente en Europe est une entreprise réalisable, seulement au point de vue théorique de la raison pure, et, en fait, parce qu'elle abroge les lois absurdes du service militaire universel. Ceux qui écartent *a priori* la réforme internationale par cette fin de non-recevoir qu'elle est une utopie, sont dépourvus de sens et les plus inconscients comme les pires adversaires des nations.

Ils parlent contre la paix, et ils jouissent de la paix perpétuelle ! Ils ne sont pas assujettis aux charges militaires, et ils raillent les efforts pacifiques ! Ils ont leur opinion faite sur les rapports d'États : ces rapports ne seront jamais juridiques ; il ne faut point songer à cette amélioration. Ce qui n'a pas été réalisé durant tant de siècles, ne peut être accompli ni de nos jours ni en aucun temps. Comme si les tentatives de mettre fin à la guerre remontaient à la naissance de l'homme! Comme si le monde, depuis qu'il existe, s'épuisait en vains efforts pour établir la paix définitive! Ils disent qu'on n'a point réussi, ignorant qu'on n'a jamais entrepris sérieusement de réussir, ignorant que la paix était prépondérante sur la guerre, qu'un petit nombre d'hommes seulement étaient asservis et décimés par ce fléau, et aussi impuissants à se plaindre qu'à abolir le régime dont ils étaient les victimes. Mais les privilégiés passent outre à la conscription partielle, aux privilèges pacifiques, à la liberté de la paix, presque universelle pendant tant d'années; ils s'obstinent dans toutes leurs erreurs sur le progrès international; ils refusent d'élever leur esprit jusqu'à l'entendement de l'intérêt général européen.

C'est que c'était un grand privilège que celui de la paix perpétuelle! Et il y avait beau jeu à prétendre que la paix définitive était une utopie, quand on ne payait pas l'impôt du sang, quand on ne voyait la guerre sous aucune de ses faces, ni dans la caserne, à côté des cellules et des prisons, ni sur les champs de bataille, devant la mort! Ah! il était facile alors de dire que cette réforme était un rêve; il importait si peu qu'elle devînt une réalité! On jouissait de tous les bienfaits de la paix, sans supporter aucun des maux directs et personnels de la guerre. Les partisans de la paix définitive étaient des utopistes, des philanthropes; c'étaient des esprits chimériques. De quoi s'occupaient-ils? De la paix perpétuelle............ qui n'existait pas seulement pour les soldats du peuple! Il était donc bien inopportun et bien risible d'agir pour rapprocher les États, d'exhorter les gouvernements à la pratique de la justice et de l'ordre, de les engager à désarmer. Mais quoi! Les chefs militaires ne se plaignaient point, et les protestations muettes des soldats, qui les entendait? Tout était donc pour le mieux dans la meilleure organisation militaire et internationale possible.

L'éternité de la guerre serait un préjugé désespérant s'il n'avait son origine dans l'indifférence et le privilège. Aussi ce préjugé disparaîtra-t-il promptement de l'esprit des hommes qui jugeront personnellement utile à eux et à leurs proches que la guerre soit abolie en Europe. Pour les détracteurs de la paix, la guerre n'est point un fléau. Elle ne les frappe pas directement dans leur fortune, leur profession, leur rang et leur liberté. Sinon ils seraient moins sceptiques. Mais toutes les réformes sont impraticables, de l'avis de ceux qui ne sont point intéressés à ce qu'elles se réalisent.

Il y a une autre cause à l'erreur préalable que nous essayons de réfuter, l'ignorance du sens véritable du progrès pacifique. Il n'est pas rare de voir confondre la paix définitive, ou l'abrogation du recours aux armes en matière internationale, avec la suppression de tout litige de peuple à peuple. De ce qu'il y aura toujours des conflits, il n'en résulte pas pour conséquence que la solution juridique des différends d'États est impossible.

L'emploi de la force ne peut être légitimement, raisonnablement et socialement appliqué que contre la partie condamnée qui refuse de se soumettre, auquel cas il ne constitue plus la guerre, mais la protection de l'institution nécessaire par excellence, celle de la justice. Le principe d'un tribunal international ne peut être contesté ; il se présente de lui-même à l'esprit. Est-il inapplicable ? La même volonté qui l'aura fondé le maintiendra. Le pire des obstacles à la réalisation de la paix et de l'ordre dans les rapports des peuples, c'est l'absence de volonté à opérer ces réformes. Pour qu'elles soient accomplies, que faut-il ? Que ce qui maintient et renverse toute chose, la volonté humaine, soit changée. Cela n'arrivera-t-il jamais ? Non. Le développement continu, et, avec le temps, intolérable des maux de la guerre, amènera cette transformation. L'accroissement de ces maux est certain, et éclate avec apparence aux yeux de celui qui se rend pleinement compte de l'organisation militaire de chaque État de l'Europe, organisation bien différente de celle qui existait il y a quelques années à peine, et si étendue qu'elle pénètre d'un élément corrupteur les professions civiles, les services publics, les lettres, les sciences et les arts, enfin toutes les sources de la grandeur et de la prospérité nationales !

La paix définitive est une utopie si on suppose qu'elle effacera toute cause de dissentiment en Europe, mais un progrès réalisable si on lui donne sa vraie signification, l'entente légale et juridique des États. Il n'y a point d'institution qui puisse prévenir ou supprimer tous les conflits. Prêter un tel dessein aux amis de la paix, c'est n'avoir jamais lu attentivement leurs écrits ou assisté à leurs réunions. Une erreur des privilégiés consiste à croire et à dire que nous voulons parfaire les rapports des peuples! Hypothèse purement gratuite. Ils prennent leur propre opinion, c'est-à-dire le sentiment faux et exagéré qu'ils ont de la paix, pour l'opinion de ses partisans, et, en accusant ces derniers d'utopie, ils se trouvent les accuser du propre rêve qu'ils ont fait, auquel sans doute ils ne croient pas, mais qui est le témoignage certain, évident, bien manifeste, de leur ignorance en matière pacifique.

Qu'est-ce que le désarmement? L'abolition d'un impôt. Ce n'est donc pas un projet idéal, ni bien extraordinaire. Quel sera pour les individus, pour les particuliers, le résultat le plus clair de la paix définitive? La suppression des charges militaires, l'abrogation de la condition de soldat, de l'impôt du sang. Est-ce là un de ces changements, un de ces progrès qui *a priori* doivent paraître impraticables et chimériques? Les charges militaires ne constituent pas par elles-mêmes un bienfait, et comme aujourd'hui elles sont universelles en Europe, est-il impossible que la majorité des classes éclairées dans chaque État ne tombe pas d'accord pour amener leur réduction et même leur suppression par une entente collective, solide et durable? Il faut non seulement être privilégié, mais encore s'illusionner fortement sur le fardeau militaire que l'absence d'ordre en Europe impose à tous les États et du poids chaque jour croissant de cette situation, pour affirmer que l'établissement de la paix définitive est impossible. De l'examen attentif des faits on peut conclure avec certitude que cette affirmation est le comble de l'idéalisme, de même que l'inertie des gouvernements et des assemblées en matière pacifique offre le plus grand exemple d'imprévoyance que l'histoire puisse enregistrer. L'avenir de l'Europe en est profondément incertain. On peut tout craindre de cette incroyable indifférence pour le progrès de la civilisation générale, de cet aveuglement que des dépenses militaires sans précédents, que l'exagération sans mesure des forces combattantes ne parviennent pas à dissiper. En face du monstre dévorant de la guerre les assemblées et les peuples sommeillent. Cependant c'est le sort même de la civilisation qui est en jeu. Si l'Europe ne se décide pas pour la pacification, c'est à la ruine, au chaos, au bouleversement, qu'elle s'expose. Ceux qui la gouvernent semblent vouloir en courir les chances. Quel héritage légueront-ils aux générations futures ? Tous les maux de la plus longue et de la plus effroyable barbarie.

Dépassant sans cesse le but, les privilégiés rapportent à l'univers entier une réforme européenne. Mais, entêtement singulier, une entreprise n'ayant pour objet que l'Europe, comme par exemple l'institution d'un tribunal international, leur semble néanmoins impossible et parfois même extravagante. Que pourraient-ils dire de plus de la pacification du globe ?

La paix européenne n'est qu'un élément de la paix universelle, et, en conséquence, à ce point de vue, un progrès relatif, bien moins extraordinaire qu'on ne l'imagine communément. C'est parce que nous avons conscience de ce fait, que nous avons toujours agi avec confiance en faveur de l'abolition de la guerre. Que si nous avions eu une trop haute idée de cette réforme, si *a priori* nous ne l'avions pas pour ainsi dire calculée, pesée, mesurée, certes nous nous serions dispensé de tout acte propre à aider à sa réalisation.

L'abrogation du recours aux armes dans les différends d'États, malgré l'importance et la grandeur qu'y attachent justement les amis de la paix, n'éveille nullement dans notre esprit l'idée de la perfection dans les relations internationales. Supposons que les gouvernements de l'Europe aient résolu de substituer l'arbitrage à la force dans les litiges publics. Certes, c'est là un accord dont la valeur saisit immédiatement les plus sceptiques et les plus incrédules en matière pacifique. Cependant on reconnaîtra sans peine que cette convention n'entraînerait pas l'union intime, fraternelle, idyllique, des nations européennes. Pourquoi dès lors considérer d'avance cette même convention comme imaginaire et irréalisable ?

Il me semble que l'on ne doit rejeter de parti pris un progrès quelconque, qu'autant que ce progrès ôte d'emblée toute présomption de complément ultérieur. Or, l'entente légale et juridique des États ne supporte pas un instant l'application de ce principe. N'est-il pas possible en effet de concevoir, après le désarmement, une fédération plus complète des peuples, je veux dire un gouvernement général européen, une association politique, ce que l'on a déjà appelé les États-Unis d'Europe?

Je ne me préoccupe pas de savoir quelle sera la forme de ce gouvernement, c'est là une question accessoire. Il me suffit de démontrer la possibilité de la réforme internationale en prouvant que ce changement, quelque considérable qu'il soit, est néanmoins limité, restreint, pour tout dire, négatif.

Les théoriciens de la guerre, les nombreux partisans de la perpétuité de ce fléau, nous accusent volontiers d'idéalisme. Par cet argument, auquel l'esprit public est encore si sensible, ils annulent d'avance nos efforts, ils rendent tout à fait impuissante, absolument inefficace la propagande pacifique. On ne saurait en conséquence réfuter avec trop de soin ce préjugé, fallût-il pour cela refroidir l'enthousiasme qu'inspire aux amis de la paix leur propre cause. Eh bien, l'abolition de la guerre, à la fin du xixe siècle, n'est possible qu'en Europe seulement. La paix universelle est le progrès des âges futurs, une révolution lointaine, dont la date indécise se perd dans les siècles à venir.

En résumé, la pacification européenne n'étant point une idylle, ni la fusion des peuples, ni une réforme applicable à l'univers, n'a rien de commun avec le rêve et l'utopie.

Le droit de guerre est un droit comme un autre, nullement immuable, auquel l'État peut renoncer sans cesser de subsister. Il en est du recours aux armes par rapport à l'État ainsi que de la condition de soldat par rapport à chacun de nous. Cette condition, que je sache, ne paraît à personne le complément indispensable du bonheur, l'élément essentiel de la vie, l'impérieuse satisfaction de notre nature et de nos instincts, voués, sans le tirage au sort et la conscription, à d'éternels regrets. Dans tous les cas, s'il en était ainsi aujourd'hui, ce serait un événement nouveau, car, jusqu'à la fin de ce siècle, presque partout en Europe, le peuple seul était contraint de servir. La bourgeoisie n'est assujettie au service militaire que d'hier, et enfin l'Église se plaint amèrement de faire connaissance avec le maniement d'armes, l'admirable école du soldat, le merveilleux tir au tube et toutes autres attractions du militarisme. D'où je conclus que l'obligation de servir est une chose toute relative, dont l'universalité récente n'est encore qu'un principe et ne sera peut-être jamais qu'un principe. Pour les mêmes motifs je pense que l'asservissement au métier des armes, tant vanté à l'époque contemporaine, sera un fait éphémère. On reviendra du fatal engouement dont les privilégiés se sont épris, sur l'initiative d'hommes d'État archi-ambitieux et surtout des théoriciens militaires, pour le système absurde et insensé, bien que momentanément nécessaire, de la nation armée. Très beau système, en vérité, au point de vue technique, et qui est un triomphe complet remporté par la guerre, triomphe auprès duquel ce succès du commerce que l'on appelle une exposition universelle, n'est qu'une défaite. Mais la réaction, par la force même du mouvement initial, s'impose, et, dans cette réaction prochaine et populaire, ce n'est pas seulement la condition de soldat ou l'asservissement au métier des armes qui sera aboli, mais le droit de guerre.

Finalement, les privilégiés rejettent d'emblée la paix

définitive ou renvoient à une date indéfinie la réalisation de ce progrès, parce qu'ils confondent l'absence d'ordre dans les rapports des peuples avec l'imperfection native de l'homme; parce qu'ils assignent à la guerre une origine providentielle, et par conséquent inexplicable; parce qu'ils ignorent que le recours aux armes est un droit positif, constitutionnel, de l'État, contenu dans les lois fondamentales des peuples et pouvant en être effacé de même qu'il y a été établi; parce qu'enfin ils ne se rendent pas compte qu'ils ne sont point eux-mêmes en majorité des amis de la paix.

Ils ont une déplorable tendance à se croire dévoués à ce progrès. Ce n'est point par le récit écourté des horreurs d'un siège que l'on marque son aversion pour le féodalisme des rapports d'États. Il faut plus. Quatre vers contre la guerre ne vous rangeront pas, pour la postérité, au nombre des partisans de la paix définitive, ni même une entreprise de travaux publics, quelque grandiose qu'elle soit. On peut être le promoteur du percement d'un isthme, je suppose, et néanmoins ignorer parfaitement les principes pacifiques. Il ne suffit pas de dire: J'aime la paix, pour s'en croire le partisan, lorsque, quelques instants après, l'on ajoute que l'abolition de la guerre est une utopie. Le dévouement au progrès pacifique est inséparable de l'instruction et de l'éducation de la paix, et, en général, les privilégiés n'ont ni l'une ni l'autre. Beaucoup d'entre eux n'aiment point la guerre, mais ne font rien pour qu'elle soit supprimée en Europe, et ne pensent pas que cette inaction soit blâmable. En réalité ils n'ont aucune conscience véritable de la réforme internationale, ni de la possibilité de l'accomplir.

Ainsi donc, résolus à ne pas le réaliser, ils déclarent l'accord des peuples impossible. Ils soutiennent que tous les hommes auront toujours l'esprit qu'ils ont eux-mêmes : celui de douter du progrès, et, dans ce doute, de ne rien faire pour modifier dans un sens pacifique les rapports d'États. Or, sans même tenir compte des lois du service militaire universel, je veux dire sans préjuger l'opinion des soldats, acquis d'avance en majorité à la réforme internationale, ils devraient s'apercevoir que des tendances nouvelles animent déjà un certain nombre d'hommes éclairés, dont les lumières, la science et la raison ne le cèdent pas aux leurs. En effet, il y a aujourd'hui en Europe plusieurs associations composées d'ennemis avérés de la guerre, qui ne se croient ni des utopistes, ni des visionnaires, les premiers principes de la paix étant des principes très simples et très élémentaires, dont l'application est faite depuis longtemps dans les rapports individuels pour la prospérité et l'honneur des peuples.

Multiples sont les moyens de travailler personnellement et avec efficacité à l'établissement de la paix. Les privilégiés refusent obstinément d'agir. Persuadés que le progrès international est un rêve, ils trouvent dans cette erreur la justification de leur inertie et de leur mollesse pour le bien commun des peuples. Ils pourraient, ceux d'entre eux qui ne sont pas absolument hostiles à toute idée ou à tout sentiment pacifique, doubler, tripler, quadrupler le chiffre des amis de la paix, et accroitre le nombre, la puissance et l'influence des sociétés de la paix dans chaque État. Ils ne veulent pas accomplir cette démonstration contre la politique ultrà militaire de ce temps; ils ne veulent pas donner cette preuve de raison, ce témoignage de bon sens. Ils refusent leur concours à toute œuvre de paix. Et puis, s'ils recherchent les origines du féodalisme international, ils s'oublient toujours dans l'énumération des causes de l'existence de la guerre, dont la principale réside en eux-mêmes, dans leur indifférence, leur inertie et leur incrédulité pour le progrès de la civilisation générale.

Il est vrai que le plus souvent ils ignorent le sens, la portée, l'objet de la réforme pacifique, où ils voient une œuvre purement charitable et philanthropique, c'est-à-dire sentimentale, alors qu'il s'agit d'une organisation nouvelle, juridique et légale, des rapports d'États.

Sans doute nous souhaitons que l'esprit public adopte les principes et que le cœur des peuples se pénètre des sentiments propres à procurer à l'Europe les bienfaits de la paix. Mais nous ne pensons point que l'union pacifique des États subsisterait par le seul effet des progrès accomplis dans la raison et la conscience publiques, si on ne l'affermissait par des institutions, par des lois positives, dont le maintien et le respect seront garantis par ce fait d'abord qu'elles seront des lois et ensuite par une sanction forte et efficace.

Le sentimentalisme des privilégiés est de deux sortes: en premier lieu, il consiste à supposer que la paix définitive, c'est l'âge d'or, le règne de la fraternité, la suppression de tous différends d'États, que sais-je encore! la fin des passions humaines, la perfection de tout et de tous..., et secondement à ne pas vouloir des lois collectives, des institutions communes, des droits et des devoirs réciproques, mais le libre arbitre absolu, le bon plaisir éternel des États les uns envers les autres.

Les ministres, dans leurs déclarations officielles, parlent sans cesse de leurs efforts pour consolider et maintenir la paix; de l'entente cordiale, des sympathies, des rapports d'amitié et de confiance qui existent entre leur pays et toutes les puissances étrangères sans exception. C'est de la phraséologie pure. Les meilleurs sentiments ne suppléent pas aux lois. Il est certain que la société périrait si elle n'était composée que d'hommes vicieux et méchants; mais il n'y a pas de doute non plus qu'elle ne subsisterait point ou qu'elle serait la proie de l'anarchie si, malgré la sagesse d'une grande partie de ses membres, elle n'avait ni lois, ni police, ni tribunaux. Quelle doit être la première préoccupation d'êtres libres et raisonnables, vivant en commun, sinon de ne pas s'en remettre aux impulsions de leur cœur du soin de garantir l'ordre et les droits de tous au sein de l'association? C'est ce qu'ont pensé les individus quand ils ont voulu former un groupe compacte, fort et uni, digne du nom de peuple. C'est aussi à ces mêmes principes que les États doivent ramener leur politique respective, s'ils ne veulent pas être éternellement livrés aux caprices et aux dangers du sentimentalisme le plus funeste qui fût jamais. L'amitié réciproque des citoyens les uns pour les autres sert-elle uniquement de base aux sociétés ? Non ; cela est incontestable. Et si on prétendait qu'il en fût autrement, l'on soutiendrait un projet aussi périlleux que chimérique. Comment les privilégiés ne comprennent-ils point que les rêveurs, les idéologues, les utopistes sont ceux qui, comme la plupart d'entre eux, n'entendent pas que les rapports des peuples soient dirigés par d'autres ressorts que le sentiment ou l'intérêt; qui présentent l'anarchie en matière internationale, je veux dire l'absence de lois communes et générales, comme la seule situation acceptable par les États, et, chose plus inconcevable encore, comme indestructible?

L'ordre international n'existe pas. Ce fait est constant. Il est indubitable aussi qu'il doit entraîner et cause en effet des maux sans nombre et chaque jour plus graves. N'importe ! Les privilégiés rejettent en masse l'établissement d'institutions pacifiques, d'obligations mutuelles, d'une alliance juridique et légale des nations. Ils persévèrent dans un système de licence illimitée, de volonté toute puissante de la part de chaque État envers tous les autres. A leur avis, des lois ne libéreraient pas les nations, elles les enchaîneraient ! Ils placent l'honneur et la félicité suprême d'un peuple dans la jouissance d'une indépendance absolue. Tel est leur sentimentalisme outré, criminel et absurde. Un peuple, dans leur opinion, ne doit avoir d'autre frein qu'une force égale à la sienne, d'autre obstacle à ses convoitises que des convoitises différentes, d'autre limite à ses passions que des passions contraires. Leur politique, en matière extérieure, est donc dépourvue des principes qui sont l'honneur et la sauvegarde des sociétés civiles; c'est une politique lâche, désordonnée, sans scrupule, sentimentale à l'excès, et dans quel sens? celui de la violence, de l'égoïsme et de la ruse. Que les privilégiés renoncent donc à nous adresser un reproche que seuls ils méritent. L'ordre international n'est pas une conception sentimentale. Mais rien n'est moins réglé, moins précis, moins défini et ordonné que les rapports actuels des États.

Si on attribue ce fait déplorable à une volonté inconnue, surnaturelle, divine en un mot, alors la croyance en la perpétuité de la guerre s'explique d'elle-même. Mais quelle superstition d'imputer à une puissance invisible, à une influence mystérieuse, le féodalisme qui sévit en Europe! Non, l'absence de relations policées entre les peuples n'est point une situation providentielle imposée par Dieu aux nations et aux gouvernements.

La vérité est que l'existence de la guerre, ce que si peu de gens imaginent, ce que tant d'autres refusent obstinément de voir, est un système, une théorie, une loi. Le naturalisme des rapports d'États n'est pas seulement un fait, mais aussi une doctrine, un *credo*, et, plus encore, une institution. Les idées violentes, féodales, ultra militaires, président aux relations internationales. Les principes antipacifiques sont l'âme de la politique européenne. Le recours à la force dans les différends publics est la conviction spéculative des hommes d'État et des peuples avant d'être l'acte réfléchi des premiers ou l'entraînement irrésistible des masses. En d'autres termes, l'opinion publique adhère, intellectuellement parlant, à la jouissance du droit de guerre par tous les États.

Les principes négatifs de la paix, je veux dire le maintien du prétendu droit de conquête, la permanence du recours à la force dans les litiges d'États, la suprématie de la licence et de l'arbitraire dans les relations internationales, ne sont peut être pas formulés, enseignés et développés *ex professo* dans les écoles, dans les assemblées et de la part des gouvernements; mais pourquoi? parce qu'ils font pour ainsi dire partie intégrante de la politique et de l'esprit public, parce qu'ils sont en vigueur depuis des siècles, et qu'ils paraissent *a priori*, sans débat, sans incertitude, devoir être éternellement pratiqués.

La guerre n'est point fatale. Elle est le fait des hommes; elle a été instituée par eux; et c'est aussi de leur consentement, de leur adhésion générale, de leur accord simultané, qu'elle sera abolie. Quand je dis que la guerre est une institution, je rends exactement la réalité; j'exprime d'un mot ce qui est, ni plus ni moins que la cause légale de l'existence de la guerre. Le recours aux armes dans les conflits internationaux est en effet un droit écrit, positif, constitutionnel, de l'État, que l'on peut lire en toutes lettres dans les lois fondamentales de chacun d'eux. En vertu de ces lois, des dispositions textuelles qu'elles renferment, d'articles absolument catégoriques et précis, les États ont légalement, constitutionnellement, le droit de se déclarer respectivement la guerre. Dès lors, je le demande, faut-il attribuer à Dieu même, ou bien aux assemblées, aux ministres, aux souverains et aux peuples, l'emploi exclusif de la force dans les différends publics? Les constitutions nationales, d'où dérive pour chaque État, d'une façon si matérielle et si palpable, le droit d'être juge et partie dans sa propre cause, de se faire justice à soi-même, ces constitutions ont-elles été inspirées par la suprême sagesse et la raison divine? Ont-elles été dictées par Dieu lui-même à de nouveaux Moïses? Sont-elles à tout jamais, en ce qui concerne les relations extérieures, achevées, parfaites, irrévisables, définitives? Non vraiment, car tôt ou tard la volonté des peuples, las des maux tous les jours croissants de la guerre, les modifiera dans un sens pacifique, favorable au progrès international et à l'entente juridique des États. Mais c'est là l'œuvre de l'avenir. Ici je veux démontrer seulement que le fléau de la guerre n'est point imputable à la volonté de Dieu; que, partant, ce fléau n'est ni nécessaire, ni indestructible; qu'il peut être et qu'il sera un jour aboli; que le fatalisme dans l'anarchie constante et inévitable des rapports d'États est une absurdité; que ces rapports, au contraire, par l'excès des maux de la guerre, s'assoupliront aux exigences sociales: œuvre possible, désirable, vraiment compatible avec le plan de la création et les vues du créateur.

## II. — Pourquoi la paix définitive est prochaine.

Il y a une raison plus décisive de croire à l'abolition de la guerre que celles déjà énumérées : l'accord des idées pacifiques avec les principes d'ordre et de justice ; l'action du parti de la paix durant le cours de ce siècle ; la connaissance des causes véritables de la guerre et des résultats précis de la réforme nouvelle ; enfin, la multiplicité des réunions internationales et des transactions ; c'est le sentiment exact des charges qu'impose l'absence prolongée de relations pacifiques.

L'étude attentive des faits accomplis en faveur de la paix européenne ne suffit pas ; il importe davantage de connaître les progrès de l'armement. Or, la guerre est un mal qui devait croître jusqu'à menacer toutes les existences et ravir à tous la liberté dans chaque État. La guerre organisée devait se développer comme toute institution, être envahissante, accaparer la société tout entière, afin d'être vue par cette société, indifférente à ce fléau, tant que des deux classes qui y étaient le plus sujettes, l'une, celle des chefs militaires, l'exerçait comme une profession, et l'autre, celle des soldats, par suite de son ignorance et de sa faiblesse numérique et intellectuelle, ne pouvait s'y soustraire. C'est n'avoir presque aucune science de la situation internationale quand, au travers de cette situation, on ne voit pas sans cesse les privilégiés et les chefs militaires d'un côté, les soldats de l'autre. Telles sont, en effet, si l'on peut s'exprimer ainsi, les personnes de l'état de guerre. Pour apprécier, comme il convient, les rapports des peuples, en distinguer avec certitude les caractères passés, présents et ceux de l'avenir, il est nécessaire de savoir préalablement que l'absence d'ordre entre les États européens comporte, quant aux individus, le privilège de la paix perpétuelle, ou la profession militaire, ou la condition de soldat. Les privilégiés ont écrit des volumes sur la paix et la guerre sans se rendre compte des conséquences individuelles du désordre international.

C'est ainsi qu'ils ont souvent invoqué cet argument en faveur de la paix, à savoir que la guerre intronisait le despotisme ; mais ils ont entendu par là seulement que la victoire fortifiait et augmentait le pouvoir personnel des souverains ou des chefs d'États. Ils ne pensaient pas, ils ne faisaient même point allusion au despotisme propre de la guerre, je veux dire l'asservissement au métier des armes. Du moment qu'eux-mêmes étaient dispensés de servir, affranchis et libérés, non seulement la notion de la liberté pacifique, violée envers le peuple, leur a fait défaut, mais aussi la conscience du privilège même dont ils jouissaient. De sorte que l'organisation militaire leur a paru un fardeau trop lourd pour les nations, alors qu'il était tolérable, et qu'ils n'ont point provoqué, en faveur de la paix, l'intérêt décisif, celui de la liberté personnelle et individuelle.

Sans doute la guerre est ancienne, mais elle ne doit sa longue durée qu'au nombre immense de ceux qu'elle a jusqu'à ce jour épargnés et parmi lesquels se trouvait l'élite des sociétés civilisées. Aujourd'hui cette élite est asservie, et, en principe, il est reconnu que ni l'Église, ni l'Université, si longtemps inviolables, n'échapperont à la loi commune. Voilà le suprême et dernier effort de la guerre ! Il faut être très peu clairvoyant pour ne point prévoir une amélioration sensible et durable dans les relations des États, de même qu'il s'est opéré un grand changement dans l'organisation militaire. Ce premier fait est le prélude du second. La guerre prépare de nouvelles et plus grandes hécatombes, mais celles-là, nous le jurons, ne resteront pas stériles. Si les soldats du peuple ont souffert sans profit pour le progrès, les soldats de la bourgeoisie sauront ressentir les maux inhérents à leur condition, en chercher la cause et en découvrir le remède.

Depuis l'application du service militaire universel, de nombreuses casernes ont été édifiées, plus vastes, mieux aménagées, plus habitables en un mot, que les anciennes. Fait nouveau et intéressant, car le souci de donner aux soldats des locaux seulement convenables ne préoccupa jamais, quand la conscription était partielle et n'asservissait que le peuple, ni le gouvernement, ni l'autorité militaire, ni l'opinion publique. Il importait peu, en vérité, à tout le monde, que les casernes fussent suffisamment aérées, pourvues en abondance d'eau potable, situées dans des quartiers sains, garanties des fièvres et des épidémies ! C'est donc un changement notable que la construction, sur des plans plus conformes à l'hygiène, de ces énormes bâtiments où la guerre entasse bourgeois et ouvriers, pauvres et riches, illettrés et savants, pour les discipliner et les contraindre, sinon à l'aimer, du moins à la servir.

L'architecture militaire, la plus florissante en ce siècle, a bien voulu songer quelque peu à la condition matérielle des soldats, si négligée dans le passé. A quelle cause faut-il attribuer ce progrès extraordinaire, car nous savons tous, nous qui avons désormais l'expérience personnelle de ces choses, combien, dès qu'il s'agissait des « hommes », le département de la guerre estimait superflues les précautions les plus élémentaires ? A quel fait, dis-je, faut-il rapporter les améliorations que l'on remarque dans les casernes de construction récente ? Selon moi, à cette révolution militaire qui, par les lois du service universel, a placé la nation tout entière sous les drapeaux et conduit dans les édifices de la guerre l'élite de la société civile.

Jadis le peuple seul connaissait le chemin de la caserne, où il était reçu comme on reçoit partout les pauvres gens, ceux qui n'ont ni fortune ni instruction, et, partant, ni pouvoir ni influence. Heureusement le mouvement ascensionnel de l'organisation militaire a établi l'égalité devant les charges dues au fléau de la guerre. De sorte que, depuis quelques années, la fleur de la bourgeoisie subit à son tour la condition de soldat. Du même coup les anciens errements se sont modifiés, et pour faire un semblant de bon accueil à ces nouvelles recrues, on a bâti des casernes bien différentes, certes, de celles que nous avons nous-mêmes habitées. Voilà donc un premier changement très caractéristique, très particulier, tout à fait remarquable, que le système de la nation armée a produit.

Eh bien, ce changement, malgré son originalité, est d'une importance bien médiocre et bien secondaire. Il doit fatalement manquer son but. Il a en effet pour objet... quoi ? De faire accepter ce qui est inacceptable, l'asservissement au métier des armes. Avec les ressources budgétaires dont on dispose, il est impossible d'améliorer d'une façon sérieuse la condition de soldat, et résoudrait-on ce problème insoluble, qu'on n'ôterait pas à cette condition cette tare ineffaçable : l'obligation. On a fort peu raisonné jusqu'à ce jour dans les casernes, surtout sur les causes originelles qui y rendent nécessaire la présence de tant de milliers d'hommes, appelés à y faire un séjour plus ou moins prolongé, non point de leur propre initiative et dans la pleine spontanéité de leur libre arbitre, mais par l'intervention de la loi, par raison d'État. Il est évident cependant que cette recherche sera faite tôt ou tard par les soldats éclairés que l'organisation militaire, de plus en plus envahissante, n'a pas craint de remettre à vingt ans, et même dans l'âge mûr, à l'école primaire. Ce serait une illusion de croire que les chefs de la société civile, destinés, par leur lente et longue instruction, par leurs goûts naturels, par leurs talents divers et leurs capacités, à exercer dans l'État des carrières difficiles et indispensables, ne s'étonneront point quelque jour d'être contraints d'apprendre l'alphabet du métier des armes. Sûrement ils ne tarderont pas à se demander l'origine de cette surprenante anomalie, de cette étrange contradiction, de cette singularité stupéfiante, où ils voient déjà la déchéance des professions libérales. On se doute dès lors que des améliorations matérielles quelconques n'arrêteront point les recherches de l'intelligence et les investigations de la pensée. Là où l'on n'est pas libre, là où le rang, la vocation, le génie même ne comptent point, ce qui touche aux besoins physiques est dans une certaine mesure négligeable et accessoire.

A ne juger que par les apparences, il semble, dans les casernes, que la guerre seule a de l'empire sur les âmes, qu'elle fait tout marcher à son gré, que les hommes et les intelligences lui appartiennent sans conteste, qu'elle pénètre au cœur de tous et dans les plus profonds replis de l'esprit humain. Combien la réalité est différente ! Loin de subjuguer les soldats éclairés, la guerre excite en eux une aversion et une hostilité réfléchies et invincibles, parce qu'ils n'en connaissent que la servitude. Ils supportent impatiemment son joug, ils le subissent sans l'admettre, et ils le subissent surtout parce qu'il leur est encore inexplicable. Aussi quelle est leur préoccupation constante à la caserne même ? De creuser et d'approfondir les éléments de l'art militaire, de méditer sur les marches, les exercices et le tir ? Non ; mais de connaître pourquoi les lois de la conscription générale ont été promulguées et comment ces lois seront abrogées. Et quelle étude plus logique de la part de soldats, dont la destinée, pour plusieurs d'entre eux du moins, est plus tard de diriger leur pays ou de le représenter ? Or, je le demande, est-ce dans la durée indéfinie du fléau de la guerre ou dans l'amélioration solide et durable des rapports d'États, que les soldats éclairés du peuple et de la bourgeoisie verront la fin de leurs maux et leur libération définitive ? Poser la question, c'est la résoudre. Les casernes contemporaines sont les futurs forums de la paix européenne. La force elle-même y a introduit l'élément pacificateur par excellence, l'esprit de progrès en matière internationale. C'est là que cet esprit se développera, c'est là qu'il acquerra une puissance irrésistible, c'est là qu'il triomphera du fléau de la guerre.

L'expérience personnelle des charges militaires fait défaut aux privilégiés. Cependant ne devraient-ils pas revenir de leurs préventions contre la paix, en présence de l'accroissement excessif des armées ? Le tribunal des États européens est une institution nécessaire. Cela résulte d'une manière évidente et incontestable de l'exagération de l'armement. Rien ne peut convaincre davantage et plus solidement de la nécessité de cette institution que la comparaison de l'organisation militaire actuelle avec celle qui existait il y a quelques années à peine. L'équilibre est rompu. L'organisation militaire a pénétré tous les autres services publics ou non, auxquels son contact intime, ses empiétements, ses exigences ne peuvent qu'être funestes et causer ainsi la désagrégation lente mais sûre des forces vives, des bases fondamentales d'un État régulièrement constitué. La rougeur monte au front en pensant que les assises de la société civile ont été ainsi attaquées, et que l'organisation qui, jusqu'à ce jour, pour le plus grand bien général, avait été séparée de toutes les autres, leur est aujourd'hui intimement liée, et, non point pour les proléger et les élever, mais pour leur enlever leur intégrité, le temps, et peut-être même l'affection de leurs agents. C'est là une calamité publique, c'est là la négation de la sagesse profonde qui a présidé à la constitution de l'État, et qui a voulu que tous les services qui lui sont nécessaires, toutes les professions qui lui donnent la vie, la force, la prospérité, la grandeur, fussent soigneusement distincts et eussent les mêmes droits à la sollicitude et à la protection des gouvernements. Aujourd'hui ces principes sacrés, ces principes puissants, qui ont pour eux la durée des siècles, sont méconnus, violés. Il existe une confusion sans nom. On ne sait pas quel est son véritable emploi, quelle est sa fonction dans l'État. On ne sait pas quelles sont ses études propres. On se demande enfin ce que l'on est.

Il y a vingt-cinq ans, un maréchal disait dans une assemblée législative, en voyant l'Europe se transformer en une sorte de camp armé, que cette situation ne pouvait se prolonger longtemps. Et cependant, lorsqu'il exprimait cette opinion, les lois de la conscription générale n'avaient pas encore été promulguées dans ce pays; un tel système n'eût jamais été admis, même présenté par un homme spécial, avec les raisons les meilleures de l'adopter. Et, en effet, le service militaire universel n'est-il pas un excès, l'inadmissible résultat du mode de défense en vigueur parmi les États de l'Europe pour le règlement de leurs différends? Sans doute, l'absence de lois internationales, d'institutions juridiques communes, a été féconde en maux de toutes sortes pour les nations européennes, mais il était réservé au xix⁰ siècle de subir le pire des fléaux engendrés par le fléau de la guerre, je veux dire l'asservissement de tous au métier des armes, auquel ne peuvent être comparés ni les diminutions d'influence, ni les invasions, ni les démembrements. Même avant le service universel, les chefs militaires sensés ont été surpris du développement immense de l'organisation militaire, et ont pensé que ce développement ne pouvait pas être durable. Combien ils étaient sagement inspirés, bien que leur scepticisme n'allât pas jusqu'à voir qu'il était dès lors nécessaire de changer la nature des rapports des peuples et d'asseoir ces rapports sur les bases de la justice et de l'ordre ! Mais les Parlements ont été moins irrésolus. Ils n'ont pas compris qu'ils se lançaient vers un idéal militaire impossible à atteindre, parce que cet idéal est contraire à toutes les autres aspirations qui font la grandeur et la richesse des États. Les Parlements, obstinés à accroître sans mesure, dans chaque nation de l'Europe, l'organisation militaire, sont persuadés qu'ils ont fait une œuvre solide. Jamais ils ne furent plus dépourvus de sagesse; jamais leur raison n'a été si obscurcie. Le recrutement général a-t-il pour origines le caractère et le bon sens des peuples ? Les nations européennes, avides d'indépendance, ne supporteront pas longtemps cette écrasante servitude, et comme elles ne peuvent s'en affranchir qu'en désarmant, elles réclameront bientôt, d'un consentement unanime, les lois et les bienfaits de la pacification.

Les soldats de la bourgeoisie ont cette intuition de l'avenir avec plus de certitude, et plus de motifs particuliers d'en être convaincus, que les quelques chefs militaires rendus clairvoyants par l'intérêt de leur art, mais les privilégiés obtus sont persuadés que le progrès international est un rêve !

A l'appui de leur erreur, ils disent que la guerre date de très loin. Mon Dieu ! on le sait. Depuis qu'il y a des États, chacun d'eux s'est arrogé le droit de guerre, et a organisé des armées pour faire usage de ce droit. Il ne faut pas être bien fort pour constater qu'il n'y a jamais eu des rapports juridiques et légaux entre deux ou plusieurs nations. Mais ce qui échappe aux privilégiés, et ce fait leur ferait comprendre combien cette objection de l'ancienneté de la guerre est vaine, ce sont les conséquences qui découlent, envers les particuliers, de la possession ou de l'exercice du droit de guerre par l'État. Or, ces conséquences sont si graves, à la fin du xix<sup>e</sup> siècle, depuis la promulgation des lois de la conscription générale, qu'il y a entre la guerre telle qu'elle existait quand les armées étaient restreintes, et telle qu'elle existe aujourd'hui où les armées sont les nations elles-mêmes, une différence si sensible et si considérable, qu'on ne peut point affirmer que les États, ayant exercé le droit de guerre dans les conditions du passé, seront toujours déterminés à le conserver dans les conditions du présent. Par suite du service militaire obligatoire pour tous, le droit de guerre, écrit dans les constitutions nationales, s'est individualisé pour ainsi dire, et chaque citoyen en est devenu juge. Quelle est l'opinion qui résultera de cette appréciation personnelle ? Les privilégiés ignorants pensent que le recours aux armes paraîtra toujours un droit inaliénable de l'État. Or, c'est l'opinion contraire qui prévaudra. Les soldats de la bourgeoisie sont dès maintenant convaincus que l'État doit renoncer à un droit qui asservit tous les citoyens, que les constitutions doivent être modifiées dans un sens pacifique, pour la libération et le salut commun des peuples.

Car enfin à qui convient-il de se prononcer sur ces questions de désarmement, d'abolition de la guerre, de paix définitive, sinon à ceux qui sont assujettis au service militaire et à l'impôt du sang? Oui, c'est aux soldats, aux soldats de la société civile, qu'il appartient de résoudre ces problèmes, d'examiner d'un œil ferme et d'une raison qui ne fléchit pas, la position respective des peuples, et d'en poursuivre l'amélioration contre les préjugés de l'ignorance et du privilège. Mais que les chefs militaires et les privilégiés soient retenus dans cet ordre de discussions. Leurs opinions en matière internationale sont d'avance récusables. Ils ne peuvent pas avoir sur les rapports des États les mêmes idées que nous, ni désirer avec une égale ardeur, si toutefois leur esprit est assez éclairé, les mêmes réformes. Nous sommes d'accord avec eux sur la nécessité pour chaque peuple d'être puissamment armé, jusqu'à l'entente générale qui décidera de la paix; nous savons qu'ils sont nos concitoyens et que nous avons au besoin à défendre en commun nos droits et le patrimoine national; mais ces sacrifices consentis, cette subordination temporaire acceptée à la profession et aux chefs militaires, que les privilégiés et ces derniers ne soient point surpris si nous en demandons la fin par l'abolition même de la guerre en Europe. Nous savons ce que nous devons à la situation présente; qu'ils n'oublient pas à leur tour ce qu'ils nous doivent et ce qu'ils doivent aux prochaines réformes, aux futurs progrès du droit international, sinon les soldats ne verront en eux que des adversaires, que des ennemis.

# CHAPITRE II

### DES CAUSES DE L'EXISTENCE DE LA GUERRE D'APRÈS LES PRIVILÉGIÉS

Les privilégiés déclarent souvent que nous vivons à une époque de civilisation, quand l'obligation de servir est générale, quand les nations européennes traversent les plus grands périls dont l'existence de la guerre les ait jamais menacées, quand l'armement en Europe est le scandale du monde entier ! Ils ont bonne grâce de se louer du développement de la civilisation dans une contrée du globe où chaque habitant pour ainsi dire est asservi au métier des armes ; où la sécurité de l'État n'est établie, n'est probable, que si chacun contribue de sa liberté, de sa profession, de ses intérêts les plus chers, à la garantir. A les entendre, il semble que la guerre n'existe pas en Europe, et, en effet, ce fléau ne sévit pas contre eux. Quoi d'étonnant d'ailleurs qu'ils soient satisfaits d'une civilisation qui ne leur a pas ravi la liberté de la paix, qui ne les a pas contraints de servir ni assujettis à l'impôt du sang ? Mais c'est précisément ces avantages, qui leur appartiennent, que nous voulons procurer, sinon à nous-mêmes, qui avons scrupuleusement subi les obligations et les charges que la guerre nous a déjà imposées, du moins aux générations futures. Sans doute, ils n'ont joui du privilège de la paix perpétuelle que par tolérance, car, même avant les récentes lois de la conscription générale, le service militaire universel était établi en principe, sinon en fait. Nous voulons que ce privilège soit consacré comme un droit; nous voulons l'abolition de l'asservissement militaire pour tous par l'institution de la paix définitive en Europe. Voilà pourquoi nous nous plaignons de la civilisation présente qui nous traite différemment qu'elle ne les a traités. Nous sommes dans une condition qu'ils n'ont pas connue. Ils n'ont point vécu dans les casernes, au seuil des prisons et des cellules. Ils n'ont jamais servi. Qu'ils comprennent donc qu'entre eux et nous, il y a des faits nouveaux qui font que nous ne pensons pas de même, et que nous avons à accomplir des progrès auxquels ils n'ont pas songé et crus irréalisables, parce qu'ils ne les concernaient pas personnellement et qu'ils ne pouvaient intéresser que les plus humbles et les moins éclairés dans la nation, les soldats, dont ils n'étaient point. Aussi disent-ils que le patrimoine de la pensée humaine ne peut plus s'accroître d'idées et d'opinions nouvelles, qu'il n'y a plus rien à connaître ni à apprendre. Ignorants privilégiés! Il y a une condition que vous ne connaîtrez cependant jamais, c'est la condition de soldat et toutes les idées dont cette condition est l'origine. Mais s'il n'y a rien de nouveau à savoir, il y a sans doute quelque chose de nouveau à faire : l'accord pacifique et légal des peuples.

Ils trouvent grandes toutes les réformes, sauf celle qui l'est réellement, je veux dire l'abolition de la guerre en Europe. Qu'ont-ils fait en ce siècle ? Des travaux publics. Et encore s'opposent-ils parfois à l'ouverture de nouvelles voies de communication. Ils font défense de percer les montagnes ou de tracer un chemin de fer sous la mer. Si les États avaient des relations policées, nous ne verrions pas ces empêchements qui sont la preuve trop éclatante de la barbarie dans laquelle l'Europe est encore plongée. Qu'est-ce qui peut mieux démontrer l'absurdité de l'existence de la guerre à la fin du XIXe siècle, aux regards mêmes des privilégiés, que les interdictions de ce genre ? De tels faits sont la condamnation saisissante de l'absence d'institutions pacifiques. Les gouvernements, qui s'opposent à la construction d'un chemin de fer ou au percement d'un isthme, peuvent-ils se prétendre civilisés ? Et telle est la déplorable obligation de tous les gouvernements d'arrêter parfois les travaux des routes internationales, parce qu'ils ne veulent pas s'entendre pour établir les rapports des peuples sur les bases de la justice et de l'ordre. Mais ils s'intéressent si peu à cette grande réforme, ils ont des vues tellement étroites et bornées, on peut le dire, aux plus médiocres entreprises, qu'ils n'ont point conscience de la confusion dont ils se couvrent par ces mesures. Si la raison avait quelque empire sur eux, ces seules nécessités de la défense militaire leur rendraient sensible et comme visible l'absence de lois communes. Cette lacune n'a jamais fait l'objet des préoccupations des gouvernements européens, et c'est pourquoi ils cèdent sur tous les points aux exigences de la guerre.

Les privilégiés ignorent les causes de ce fléau. Ils disent que la guerre est divine. Au lieu de s'accuser eux-mêmes, c'est Dieu qu'ils accusent! Et d'abord est-il téméraire de supposer que la licence dans laquelle vivent les nations européennes les unes envers les autres n'est pas agréable à Dieu, qu'il voie avec réprobation les États se dérober sans scrupule et sans honte à l'empire de la justice et du droit? L'erreur des privilégiés qui ont prétendu que la guerre était d'origine divine, vient de ce qu'ils n'ont considéré que le fait de la guerre, non son institution légale, constitutionnelle. La situation internationale, si injuste en elle-même, n'a pas excité leur attention ou leur étonnement autant que la conséquence capitale de cette situation qui est la guerre. S'ils avaient connu les causes légales de l'existence de ce fléau, c'est-à-dire d'une part les lois constitutionnelles des États, et d'autre part les lois d'organisation militaire, ils se seraient aisément aperçus que rien n'est moins surnaturel, moins mystérieux, moins inexplicable, que le recours aux armes dans les différends d'États; que la guerre est loin d'être d'institution divine, et, en raison de cette origine, indiscutable et perpétuelle. Les lois fondamentales des peuples instituent la guerre entre eux. De cette institution découle la formation des armées, en d'autres termes ce qui a trait à la carrière militaire et à la condition de soldat. Voilà comment, légalement, les litiges de peuple à peuple sont tranchés par la force; comment la position respective des États est antijuridique, marquée au coin de la plus extrême imperfection : d'où pour nous la nécessité de servir et de payer l'impôt du sang. Ces charges n'existent évidemment pas pour ceux qui exercent volontairement la profession des armes, à laquelle au contraire sont attachés de trop nombreux avantages.

Ainsi, quant à l'État, la guerre est un droit constitutionnel; pour les particuliers, un impôt ou une profession. Il n'y a rien là qui sorte de l'ordre naturel des choses. Ne connaissant pas les causes véritables de l'existence de la guerre, ils en font l'aveu, les privilégiés ont fait de ce fléau « une sorte de manifestation des volontés du Ciel », et ils se sont crus profonds alors qu'ils n'étaient que superstitieux, des philosophes alors qu'ils n'étaient que des simples, des professeurs alors qu'ils n'étaient pas même des écoliers. L'ignorance n'est jamais allée aussi loin qu'en matière internationale. On rougit de raconter ces erreurs de l'esprit humain, s'il ne fallait les dévoiler et les flétrir, pour ne point permettre aux imposteurs ou aux fanatiques de les renouveler et d'obscurcir ainsi de nouveau la raison et la conscience humaine.

Jamais les partisans de la paix définitive n'auront autant d'imagination que les privilégiés qui ont écrit contre cette réforme. La guerre est-elle divine ou inexplicable par la manière dont elle est instituée ou dont elle se prépare? Les écoles spéciales, les opérations des conseils de revision, la conscription et les avantages de la profession militaire expliquent, sans l'intervention du Ciel, l'organisation des éléments qui agissent durant les hostilités. Aucune « gloire mystérieuse » n'enveloppe la guerre au moment du tirage au sort. Aucun attrait irrésistible ne porte devant les conseils de révision, et les mobiles, qui attirent volontairement sous les drapeaux, sont d'un ordre bien réel et bien sensible. Mais les privilégiés, quand ils cherchent les raisons de l'anarchie des États, ne se piquent point d'être positifs. Ce sont des idéologues, autant ceux qui font la théorie des rapports des peuples que ceux qui développent à l'excès l'organisation militaire.

Ils mettent au compte de l'inconnu ce qu'ils ne savent à la charge de quels hommes il faut mettre, et ces hommes ce sont eux-mêmes, responsables des maux qui désolent les peuples divisés. Il est plaisant, en vérité, d'attribuer à la volonté de Dieu l'existence du fléau de la guerre. Mais cette hypothèse dispense d'être ami de la paix, des travaux, des études et des actes pacifiques. Elle permet de ne pas rechercher les causes véritables du mal, et surtout de n'en point distinguer les auteurs. L'origine divine de la guerre est l'excuse facile de l'ignorance et de l'irresponsabilité. Les privilégiés dissimulent de la sorte leur inertie et le vide de leur science en matière internationale. Mais de même que l'établissement de la paix définitive a pour principe la volonté humaine, ainsi l'existence de la guerre n'a pas d'autre base. Si ce fléau sévit en Europe, c'est que la majorité des privilégiés ne veut pas l'abolir; c'est qu'ils opposent une résistance réfléchie et systématique au progrès de la civilisation générale.

L'absence de rapports d'États juridiques et légaux est le fait de tous ceux qui ne sont point partisans de la substitution du droit à la force en Europe. La guerre, institution humaine, institution malfaisante, n'émane pas de la puissance divine. Les dispositions des constitutions nationales, ayant trait aux relations extérieures, n'ont certainement pas été inspirées, on peut le redire, par la souveraine sagesse et la raison suprême. C'est donc marquer une profonde ignorance et être très irrespectueux envers Dieu que d'attribuer à sa volonté l'existence du fléau de la guerre. Peut-être d'ailleurs tels chefs militaires ne professent-ils cette opinion que pour se justifier à leurs propres yeux de prendre part à toutes les guerres, justes ou injustes; et certains prêtres également ne partagent-ils cette erreur, que pour se soustraire au blâme de leur conscience qui leur reproche de ne rien faire en faveur de la paix définitive.

En résumé, la guerre est écrite dans les lois fondamentales des États. Elle se manifeste tout au début par le concours et par le tirage au sort. Ses conséquences individuelles: l'obligation de servir et le métier des armes; ses conséquences générales: les invasions, les démembrements et les rançons, n'ont aucun caractère providentiel. Enfin, elle a été établie et subsiste parce que les peuples sont gouvernés et instruits dans la haine ou dans la crainte les uns des autres. On voit par là que les hommes peu conscients des faits, peu pratiques, emportés par leur imagination, sont ceux qui ont placé la cause première de la guerre dans la volonté divine, d'où ils ont conclu, avec tout autant de vérité et de justesse, à l'impossibilité de détruire ce fléau et de fonder la civilisation européenne.

Les ennemis de la paix affirment que la guerre est nécessaire. Pourquoi n'y aurait-il jamais de relations policées entre les peuples? Pourquoi des millions d'hommes seraient-ils, jusqu'à la consommation des siècles, assujettis à la condition de soldat? Cette condition est en elle-même si peu nécessaire que, jusqu'à ce jour, la majorité n'a pas voulu se l'imposer, et que les privilèges pacifiques l'ont emporté de beaucoup sur les obligations militaires. La condition de soldat, subordonnée à l'absence d'institutions juridiques en Europe, est intolérable. Le vœu des peuples est de s'affranchir de l'asservissement inhérent à cette condition, et, pour cela, d'abolir la guerre en supprimant la cause première de son existence: l'arbitraire et le bon plaisir de l'État en matière internationale.

Les privilégiés, qui prétendent que l'on ne peut se passer de la guerre, calomnient la paix dont ils jouissent. Ils soutiennent, en effet, que la guerre est indispensable parce qu'elle fortifie les mœurs, prévient la corruption, entretient la santé et la vigueur des peuples. C'est donc comme s'ils accusaient la liberté de la paix, dont ils ont joui d'après les législations antérieures aux lois du service universel, de les avoir amollis et corrompus. C'est comme s'ils disaient que la condition de soldat, qui asservit le corps et l'âme, est la source de la dignité humaine et de la grandeur personnelle! Mais s'ils avaient cette idée de la liberté de la paix et du servage militaire, pourquoi n'ont-ils pas réclamé plus tôt, avant d'y être contraints par l'invasion, la défaite et le démembrement, l'abrogation totale des privilèges pacifiques et la participation de tous les citoyens aux charges de la guerre ?

Modifier les principes de la politique extérieure, s'engager résolûment dans les voies de la pacification, réduire les armées et les dépenses immenses qu'elles entraînent, enfin civiliser les rapports des peuples, voilà les réformes vraiment nécessaires ! Et qu'est-ce qui donne la conviction de cette nécessité? Les élans du cœur, l'égarement d'un sentimentalisme irréfléchi? Non; mais l'étude attentive de l'organisation militaire des États qui, à l'heure présente, constitue pour chacun d'eux et pour l'Europe entière, un péril extrême.

Reprenons l'examen des causes de la guerre d'après les privilégiés. Quelques-uns d'entre eux se sont plu à voir dans la guerre une expiation. Oui, sans doute, la condition de soldat est une expiation, mais non pas de la nature de celle dont ils parlent. C'est l'expiation des préjugés, des passions et des erreurs en matière internationale. Ceux-là, jusqu'à ce jour, ne l'ont point encourue qui étaient les plus coupables, bien que cependant beaucoup de chefs d'État aient eu amèrement à se repentir sur cette terre d'avoir trop méconnu les règles inviolables de la justice et du droit dans les rapports des peuples. Mais la majorité des citoyens a su se soustraire au pire des maux de la guerre qui est la condition de soldat; et c'est surtout le peuple, c'est-à-dire la classe des déshérités de ce monde, des illettrés et par conséquent des moins responsables, qui a supporté tout le poids de l'absence de relations policées entre les nations. Aujourd'hui la bourgeoisie est enfin assujettie à l'impôt du sang, et l'Église elle-même ainsi que l'Université ne s'y déroberont pas. La servitude est universelle, sauf pour ceux qui embrassent volontairement le métier des armes, et qui, par ce fait, sont les maîtres des nations.

Combien les privilégiés s'égarent quand ils parlent de la guerre! Combien leur esprit est déconcerté! Ceux-là mêmes qui diront que la guerre est un châtiment, n'auront jamais franchi le seuil d'une caserne, ni entrevu la porte d'une prison ou d'une cellule. Ils ne seront contraints ni au service militaire ni à l'impôt du sang. Qu'auront-ils donc expié? Quelle peine auront-ils subie? Belle excuse de se laver les mains de la mort de tant de milliers de soldats du peuple! Belle excuse de ne rien faire pour le rapprochement juridique et légal des États, de ne pas remplir ses devoirs envers la civilisation générale et de se désintéresser du sort de l'humanité!

Ainsi les privilégiés et les chefs militaires ne subissent aucune expiation, et la réparation qu'implique l'asservissement au métier des armes est celle du désordre existant dans les relations des États. Si vous voulez, soldats du peuple et de la bourgeoisie, mettre fin à cette servitude, acquérez envers les autres peuples les vertus qui honorent envers le prochain; pénétrez-vous, en matière internationale, des principes qui sont l'honneur et la sauvegarde des sociétés civiles!

Les privilégiés sont très enclins à rejeter sur les rois exclusivement la responsabilité de l'existence de la guerre en Europe. Cette erreur se traduit par la réponse bien connue, quand on parle de l'établissement de la paix : « Supprimez les dynasties », et dans cette formule non moins répandue : « La guerre est la dernière raison des rois, *ultima ratio regum.* » Mais les souverains ne sont responsables de l'absence de relations policées entre les peuples que dans les limites de leur pouvoir, comme chaque citoyen dans celles de son influence. C'est en vérité trop restreindre la responsabilité. Que ceux qui accusent les rois d'être les seuls auteurs de l'existence de la guerre, s'interrogent et se demandent s'ils sont eux-mêmes des amis de la paix définitive et en peuvent donner les preuves. Sont-ils membres d'une association pacifique ; contribuent-ils à la diffusion des idées de progrès dans les rapports des peuples ; assistent-ils aux réunions qui ont pour objet le désarmement ; écrivent-ils ou parlent-ils en faveur de l'institution d'un tribunal international ? S'ils ne font aucune de ces choses, s'ils n'accomplissent aucun de ces actes, n'ont-ils pas eux aussi leur part de responsabilité ? Peut-on se croire indemne du fléau de la guerre, si on ne soutient pas, de quelque manière que ce soit, l'œuvre de la pacification ? La conscience des privilégiés est large en matière internationale. Ils n'ont même pas la notion de la responsabilité personnelle et individuelle. Aussi ne pensent-ils jamais à eux quand il s'agit de déterminer les causes de la guerre, à l'absence de convictions pacifiques dans leur propre cœur et dans leur conduite de tout acte utile au progrès des rapports publics.

Le principal obstacle à l'établissement de la paix n'est pas dans la forme des gouvernements, mais dans l'opposition de leur esprit. S'ils étaient au courant du mouvement pacifique depuis le commencement du siècle, ils sauraient que les sociétés de la paix sont accessibles à tous sans distinction d'opinions sur la constitution politique ; que, dans les congrès ayant pour but l'abolition de la guerre, on entend des hommes de tous les partis ; et qu'enfin les propositions de désarmement ont été présentées tant par des monarchistes que par des républicains. Ils ont une notion si imparfaite du progrès pacifique qu'ils pensent qu'on ne peut le vouloir qu'autant que l'on veut en même temps une forme de gouvernement déterminée.

J'ai toujours été surpris que l'on impute aux rois seulement l'existence de la guerre. Les Assemblées sont-elles donc absolument irresponsables de la durée de ce fléau ? Sans doute les ministres, qui proposent des mesures militaires toujours plus dures et plus coûteuses, agissent souvent par ordre des chefs d'État. Mais qui juge ces demandes, qui les discute, qui les adopte, qui leur donne force de loi enfin ? Ce sont les Assemblées. Les Assemblées ont armé les nations ; elles, et non les souverains, ont voté et établi les lois du service militaire universel. Si l'opinion des Parlements était favorable à la paix, est-ce que l'œuvre de la civilisation générale pourrait être indéfiniment entravée par l'opposition latente ou ouverte des chefs d'État ? La vérité est que les Assemblées sont hostiles au désarmement, et, à cause de cette hostilité même, responsables à la fois du caractère antijuridique et antisocial des rapports des peuples, et du développement immensément exagéré de l'organisation militaire. Soutenir, à la fin de ce siècle, que les Assemblées sont irresponsables de l'impulsion imprimée à la politique européenne dans le sens d'une violence inouïe, c'est affirmer aussi qu'il n'y a que des gouvernements absolus, dont rien ni personne ne peut contrarier la volonté. La seconde de ces erreurs n'est pas moins avérée que la première. Que prouve encore cette tendance de l'opinion à dégager la responsabilité des Parlements? Elle est la preuve trop éclatante de l'asservissement des Assemblées à la guerre; et, en même temps, que l'on n'est point habitué à les voir agir en matière internationale. Sur ce terrain, elles consentent à l'effacement, elles abdiquent de parti pris, elles laissent faire les cabinets militaires et la diplomatie. Et voilà comment, s'il est question du maintien ou de la suppression du féodalisme en Europe, on oublie qu'elles existent. Les rois ne sont pas les seuls auteurs de la guerre, ni au point de vue légal ou constitutionnel, puisque leur pouvoir est limité; ni parce qu'ils ont des opinions antipacifiques, car, s'ils partageaient seuls ces opinions, la paix définitive serait néanmoins fondée.

On répète à l'envi que la guerre est une loi de la nature. Autant dire que l'idée de justice n'est pas dans la raison de l'homme ou du moins l'extension de cette idée aux rapports des peuples : ce que les faits démentent, ce que les soixante dernières années de progrès pacifiques, les écrits, les réunions, les associations contre la guerre contredisent de la façon la plus formelle. Tous les hommes n'ont pas le goût de la profession des armes, et le recours à la force dans les différends d'États n'est pas non plus unanimement accepté, puisque, depuis trois quarts de siècle, ce fait est combattu avec une ardeur, une conviction, qui s'accroissent tous les jours et qui bientôt en auront raison.

Que la guerre est une loi de la nature, cela est vrai de l'imperfection de nos facultés, mais non de l'absence de relations policées entre les peuples. On ne peut pas soutenir que nous haïssons naturellement, même dans les rapports d'États, l'ordre et la justice, car telles sont les fins de la réforme internationale. En outre, il nous est difficile de croire que les charges de la guerre, si gravement accrues durant ces dernières années, répondent aux désirs et à la volonté des nations européennes. Si le contraire était vrai, il faudrait en conclure que les progrès généraux de la civilisation ont eu un résultat tout différent de celui que l'on était en droit d'attendre. Si les peuples acceptaient, pour bonne et féconde, la politique d'armement à outrance pratiquée par ceux qui les représentent ou les dirigent, j'avoue que ma logique serait déconcertée, que je cesserais *ipso facto* de croire au progrès et au perfectionnement de l'humanité. Mais je suis convaincu qu'en augmentant sans mesure le chiffre des effectifs, et en consacrant la majeure partie de leurs ressources aux dépenses militaires, les gouvernements n'obéissent pas aux suggestions de l'opinion publique, aux injonctions populaires, à la volonté nationale.

Cette explication nouvelle de l'existence de la guerre sert d'excuse à l'oisiveté en matière pacifique, et cette erreur nous en est d'autant plus odieuse. Tous ceux qui ne veulent pas étudier le problème de l'entente légale et juridique des États, dont le faible esprit ou dont le caractère pusillanime s'effraye à la pensée de l'établissement de la paix définitive en Europe, s'empressent de dire : « La guerre est une loi de la nature », sans analyser leurs paroles, sans se rendre compte surtout de leur propre situation dans l'état de guerre, situation privilégiée, heureuse, libre, dont ils sont naturellement satisfaits eux-mêmes, et dont ils ne nient les avantages pour ceux qui en sont privés qu'afin qu'on ne les leur reproche point.

La guerre est si peu inhérente à la nature humaine que les particuliers l'ont supprimée de leurs rapports, que les habitants d'un même pays obéissent à des lois communes, qu'enfin l'ordre règne dans l'État. L'homme n'a pas une haine d'instinct pour la vie sociale, que les bienfaits de l'association s'appliquent aux individus ou aux nations. Or, de quoi s'agit-il? De policer, d'ordonner, de civiliser les rapports des peuples, de généraliser une réforme déjà à demi accomplie. Les privilégiés, qui trouvent toute naturelle l'anarchie des États, ne manifestent aucune surprise de ne pas être assujettis aux charges militaires, ou de recourir à la justice pour le règlement de leurs procès. Pourquoi ne plaident-ils pas à coups de lance? Pourquoi, dès que la guerre éclate sur un point quelconque de l'univers, ne demandent-ils pas du service à l'un des belligérants?

Au surplus, on sait quel est l'objet de la paix définitive, de supprimer l'asservissement au métier des armes. Or, si on eût voulu leur ravir le privilège de la paix perpétuelle, quand les lois de la conscription de leur temps furent promulguées, ils eussent violemment protesté, alors même qu'on les eût contraints de perdre la liberté de la paix pour leur inspirer le désir de la recouvrer par l'abolition de la guerre en Europe. Comment peuvent-ils prétendre que l'absence de relations policées entre les États est une loi du monde? Il existe un parti du désarmement, dont il ne dépend que d'eux de grossir le chiffre de manière à le rendre prépondérant. Le service universel ne date que d'hier. Est-il admissible de nous présenter la condition de soldat comme faisant partie intégrante de nos besoins et de notre existence? Les privilégiés, en matière internationale, sont dépourvus du sens de l'analyse; ils n'examinent pas les objections qu'ils font à la paix définitive et qui sont de purs préjugés, démentis par les lois positives, par les faits, par les exemptions pacifiques, si nombreuses et qui ont existé pendant tant d'années, dont la trace n'est pas complètement effacée, dont jouissent encore dans les États les plus conscriptifs, si l'on peut s'exprimer ainsi, deux classes considérables, celles de l'Université et de l'Église.

Les soldats n'admettront jamais un tel argument en faveur de la durée indéfinie de la guerre. Ils savent, en majorité, que l'obligation du service militaire est en contradiction, sinon avec leur nature forte et vigoureuse, du moins avec leur profession civile, leurs occupations préférées, leurs goûts pour d'autres études, et qu'il est difficile d'aimer le métier des armes si l'on ne fait pas de ce métier une profession. A l'heure actuelle, les gouvernements composés d'ailleurs de privilégiés et d'hommes spéciaux, exigent le contraire, et cette exigence est tout ce qu'il y a de moins logique et de plus antinaturel. Non, ni l'absence d'institutions pacifiques en Europe, ni les lois de la conscription générale, qui en sont la conséquence, n'ont leur fondement dans la nature humaine, nature assez épurée, assez civilisée pour haïr, non pas les dangers, la lutte, le sacrifice, le désintéressement, mais des maux inutiles, des calamités aussi lourdes que peu nécessaires.

L'indifférence, le scepticisme, l'inimitié envers la paix expliquent, simplement mais sûrement, le désordre des États. C'est donc se tromper encore que de donner, pour raison générale et unique de l'anarchie que nous combattons, le défaut d'instruction. C'est accuser de l'existence de la guerre les ignorants, alors que par cela même on accuse les hommes instruits. Est-ce aux illettrés qu'il appartient de modifier les rapports des peuples? Est-ce dans les fermes ou dans les Parlements que l'ordre international doit trouver ses défenseurs et ses fondateurs? Qui a une plus large part de responsabilité si les États sont désunis : ceux qui, par ignorance, n'ont pour ainsi dire aucune influence dans les affaires publiques, ou les hommes qui dirigent les destinées des nations? Pense-t-on que si la majorité des privilégiés intelligents étaient des amis de la paix, le désarmement ne serait pas un fait accompli? Qu'importe donc, dans l'intérêt de ce progrès, la plus grande instruction, si celui qui en est doté n'a jamais eu une pensée pacifique, n'a jamais résolu un acte pacifique. Le savoir ne suffit point pour être réputé ami de la paix ; il faut déclarer que l'on veut l'abolition de la guerre et le prouver. L'absence de convictions et d'activité pacifiques des classes instruites, voilà une cause certaine de l'existence de la guerre en Europe.

Le peuple, qui hait la conscription, désire depuis longtemps l'établissement de la paix définitive, ou le seul moyen de l'abolir sans nuire à la sûreté et à l'indépendance de la patrie. Au fond du cœur, nous en sommes persuadés, la portion la moins riche et la moins éclairée des nations accueillera sans incrédulité le dessein d'instituer un tribunal international en Europe, et je crains bien que la grande réforme ne rencontre ses plus décidés et ses plus intraitables adversaires parmi ceux qui, quoique instruits, mais n'ayant jamais éprouvé aucun des maux directs de la guerre, sont, par tempérament ou par défaut d'intérêt personnel, insensibles au progrès des relations internationales.

Ce n'est pas dans le développement de l'enseignement général que réside la certitude de l'accord juridique et légal des États, mais dans l'éducation de la paix ou l'expérience des charges militaires; mais dans l'instruction pacifique ou la connaissance des idées, des discussions, des écrits, des événements relatifs à l'abolition de la guerre. Telles sont l'instruction et l'éducation spéciales, nées de l'asservissement de tous au métier des armes, qui doivent amener le rapprochement solide et durable des peuples.

Un privilégié, niant la valeur d'un moyen, dont l'efficacité est cependant incontestable, a écrit qu'il ne croyait pas au succès d'un enseignement pacifique. Un chef militaire connu a exprimé cet avis que, pour parvenir à une réforme internationale, il faudrait une instruction religieuse. Mais, quoique se trompant moins lourdement, il est aussi dans l'erreur. L'instruction religieuse dure depuis dix-huit siècles en Europe et la paix définitive n'est pas encore établie ! Il est avéré d'ailleurs que, depuis un temps immémorial, l'Église n'a jamais encouragé l'œuvre de la pacification européenne et le motif en est simple, c'est que l'Église est composée exclusivement de privilégiés. Elle n'a pas un intérêt direct au désarmement. Quand elle aura été assujettie au service militaire, l'Église mêlera à l'enseignement religieux l'enseignement pacifique qui en est distinct; mais jusque là, elle restera ce qu'elle est : indifférente à l'accord des États, et son enseignement sera inutile au progrès de la civilisation générale.

Le fait de tous les citoyens de chaque État de l'Europe, ayant quelque fortune ou quelque instruction, exemptés du service militaire et de l'impôt du sang, explique aisément pourquoi l'existence du fléau de la guerre n'a pas encore soulevé les nations. Sans doute, lors de l'envahissement du territoire par l'armée ennemie, le nombre des combattants augmentait dans une assez notable proportion, mais outre la courte durée et la rareté des invasions, il restait toujours un très grand nombre de privilégiés et l'exercice obligatoire du métier des armes n'avait pas ce caractère permanent, universel et légal qu'il a aujourd'hui ; les individus n'étaient affectés que momentanément et à de longs intervalles. Cela aide à comprendre comment les classes éclairées n'ont point réfléchi, pour ainsi dire, à l'absence de lois internationales et de relations policées entre les États. Les invasions étaient considérées, quelque douloureuses qu'elles fussent, comme des accidents. On n'était pas suffisamment éprouvé, suffisamment en butte à toutes les conséquences du naturalisme international, pour remonter jusqu'à la source, jusqu'à l'origine, jusqu'à la cause première de ces calamités. On pensait plus volontiers à l'insuffisance des moyens militaires qu'à améliorer d'une façon solide et durable les rapports d'États ; de sorte que ces maux, au lieu de servir de leçons aux peuples, de les éclairer sur les périls de leur position respective, de leur indépendance absolue les uns vis-à-vis des autres, ne faisaient qu'aggraver les sacrifices qui en résultent, par l'accroissement, au lendemain des défaites et des démembrements, des forces, mais aussi des charges militaires.

Il faudrait désespérer de la raison et de l'intelligence humaines si le système défensif en vigueur ne donnait enfin aux peuples la conscience, le sentiment, la vue, le toucher pour ainsi dire, de l'état de guerre qui existe entre eux, c'est-à-dire de l'absence d'idées, de principes et d'institutions, propres à faire résoudre leurs querelles sans effusion de sang, progrès qui aura pour conséquence évidente, inévitable, la réduction des armées, l'abrogation des lois de la conscription générale, le plus immense soulagement qu'ils se puissent procurer.

La guerre est-elle une erreur économique, une fausse idée de la manière de se procurer la richesse? En d'autres termes, si les peuples ne vivent pas entre eux sous des lois civiles, faut-il imputer ce fait au paupérisme ? Mais le paupérisme, ce n'est personne. Les privilégiés oublient sans cesse qu'ils ne sont pas personnellement amis de la paix, qu'ils sont indifférents à l'abolition de la guerre, qu'ils n'ont jamais rien fait en faveur de cette réforme, et que, par conséquent, sans considérer si les États sont opulents ou non, ils sont responsables individuellement de l'absence de relations policées entre les peuples. Car le manque de ressources, c'est un fantôme invisible, une ombre insaisissable, une abstraction sans vie, sans corps, sans âme. Il serait aisé que l'on pût rejeter l'état de guerre sur *la rupture de l'équilibre économique*, et se dégager ainsi de toute responsabilité personnelle, simuler même d'ardentes convictions pacifiques, tout en ne contribuant en rien au progrès international.

Si la misère était réellement la cause de l'existence de la guerre, le plus grand mobile d'action pacifique devrait être la pensée de s'enrichir. Or, les économistes, qui, durant le cours de ce siècle, ont été les plus actifs et les plus hardis parmi les amis de la paix, quoique soutenant la réforme internationale au nom du bien être des nations, n'ont pas réussi à rendre populaire la question de l'abolition de la guerre. En réalité, le véritable, le plus puissant motif de haïr ce fléau est l'asservissement au métier des armes. Non pas que l'intérêt de la prospérité publique ne soit lié à l'amélioration sensible et profonde des rapports d'États, mais s'il n'y avait que ce principe de rapprochement entre les peuples, de longtemps encore l'empire de la force subsisterait dans les relations internationales. Il est nécessaire, pour la réalisation d'un aussi grand progrès que celui de la suppression de la guerre, que les droits les plus chers au cœur de l'homme soient lésés ; fait maintenant accompli depuis que tous les citoyens sont assujettis à la condition de soldat, en dépit de leur rang, de leur rôle dans l'État, de leurs goûts naturels, de leur profession civile, et même de leur aversion innée pour l'ordre vicieux qui règne dans les rapports des peuples.

Si l'on s'arrête plus longtemps à cette erreur des privilégiés plaçant dans le paupérisme l'origine de la guerre, on conclut de leur abstractive conjecture que l'augmentation des revenus publics contient la réforme pacifique. Comme si le but des partisans de la paix était l'enrichissement des nations ; comme si les soldats n'avaient d'autre objet, en voulant abolir la guerre en Europe, que d'alléger les impôts ; comme si ce n'étaient pas leur vie et leur liberté mêmes qu'ils veulent défendre et assurer ! Qu'est-ce que la paix définitive ? La libération de plusieurs millions d'hommes, l'abrogation des lois de la conscription générale, la fin de l'universelle servitude. Tels sont les bienfaits que comportent les institutions pacifiques. Les privilégiés se trompent sur les causes de l'existence de la guerre ; sur les auteurs, qui sont eux-mêmes, de ce fléau ; sur les hommes qui ont intérêt à le combattre; et enfin sur les résultats si précis, si considérables, si nécessaires, de l'accord juridique et légal des peuples.

Comment expliqueront-ils que les forces militaires se soient accrues alors néanmoins que les ressources publiques ont tant augmenté, et qu'aujourd'hui où les revenus des principaux États de l'Europe se chiffrent par milliards, le budget de la guerre en emporte cependant la plus grosse partie ? Est-ce le manque de ressources qui a permis de promulguer les lois du service militaire universel ? L'Europe est plus riche que jamais ; l'état de guerre également est devenu pire qu'il ne le fût à aucune période de l'histoire, par l'accroissement immense des armées. A quoi les assemblées, les gouvernements, ont-ils employé ce surcroît de revenus, cette augmentation de richesses ? A pacifier l'Europe, à fonder dans les rapports internationaux la suprématie du droit sur la force, des institutions sur le sentiment, de la loi sur l'arbitraire et le bon plaisir ? C'est tout le contraire qu'ils ont fait. Les millions..... ils les prodiguent délibérément pour les frais de la guerre ! Qu'est-ce à dire, sinon que les privilégiés qui gouvernent, sauf une petite minorité, ne sont pas animés de l'esprit pacifique, qu'ils n'ont jamais pensé sérieusement à établir la paix en Europe, et que ce n'est que par l'esprit pacifique que l'ordre international sera fondé. Un jour viendra où les plus pauvres seront d'accord avec les plus riches sur ce point, parce que tous auront été abaissés au même niveau, à la condition de soldat. Cette condition, qui est la même dans toute l'Europe, en rapproche les habitants plus que ne le pourraient faire les tunnels, les canaux et les routes. Celui qui est soldat, en quelque pays de l'Europe qu'il habite, n'est point libre, et si son voisin de France, d'Italie ou d'ailleurs, partage le même sort, c'est que la licence d'État à État est souveraine. Ayant conscience de leur asservissement, en recherchant la cause et la fin, les soldats éclairés du peuple et de la bourgeoisie concevront et réaliseront le dessein d'établir les relations internationales sur les bases de la justice et de l'ordre. Si ce progrès n'est point accompli, la raison première en est, beaucoup moins dans les convoitises et la soif du bien d'autrui, que dans les atténuations profondes que les privilèges pacifiques, aujourd'hui à peu près disparus depuis le développement de l'organisation militaire, apportaient à la situation anarchique des rapports des peuples.

Il serait plaisant de dire aux soldats, étonnés de la misère de leur condition, que la guerre est un moyen de s'enrichir. Mais l'armement, au contraire, qui fut toujours une cause d'indigence pour les nations modernes, les appauvrit bien davantage maintenant que, par l'extension des charges militaires, il impose à une multitude de citoyens des dépenses parfois si fortes et si pénibles. La guerre est la plus grande source de misère pour des centaines de mille hommes quotidiennement et pendant des années. Ils n'avaient pas vécu, durant de longs jours, au pain noir et à l'eau, ni porté, pendant aucunes grandes manœuvres, les haillons de la guerre, ceux qui ont imaginé que ce fléau avait pour origine le paupérisme.

Les soldats, qui ont étudié leur condition, ne se sont point dit que, s'ils étaient assujettis à l'obligation de servir, c'était parce que leur pays était pauvre, et qu'étant pauvre, il ne devait pas entretenir des relations policées avec les peuples voisins. Dans l'absence de rapports d'États juridiques et légaux, dans cette situation elle-même causée par les préjugés, les passions et les erreurs des privilégiés, ils ont vu la raison primordiale et indubitable de leur asservissement. Les soldats vont droit au but; ils ne mettent pas, comme les privilégiés, maints intermédiaires entre la paix et la guerre. Le paupérisme n'est pour rien dans ce mode particulier d'organisation militaire qui comporte la conscription. Il n'explique pas, que nous sachions, la vocation au métier des armes, ni la situation brillante et les avantages de toutes sortes accordés à la profession militaire. Enfin, on surprendrait bien les auteurs, encore aux affaires, des constitutions qui régissent actuellement les États européens, si on leur disait qu'ils ont inscrit le droit de guerre dans les lois fondamentales de leur pays, par la pensée que dans ce droit est le gage de la fortune publique ! Mais s'ils ont commis cette immense faute économique, on peut espérer qu'une telle erreur ne souillera jamais l'esprit ou la conduite des soldats du peuple et de la bourgeoisie. De quelque manière que l'on considère la position respective des États contemporains, on ne peut en trouver ni la justification ni la légitimité.

Il est vrai de dire cependant que les nations sont pauvres, mais de sagesse et de bon sens, de foi dans le progrès, d'amour pour la civilisation, de modestie et d'humilité : voilà de quelles ressources, fécondes pour leur prospérité commune, les peuples sont dépourvus; et l'éducation que leur font donner les assemblées et les ministres en Europe n'est pas propre à les leur procurer. Est-ce que les privilégiés, qui exercent le pouvoir, n'ont point conçu l'espérance que les lois de la conscription générale retarderaient pour longtemps l'accord pacifique des nations; est-ce qu'ils n'ont point auguré des obligations militaires imposées à tous que les idées de paix, de concorde, d'organisation juridique internationale, seraient affaiblies et disparaîtraient même de l'esprit humain ! Ils se trompent. Ce qu'ils ont considéré comme le meilleur instrument de la division des peuples en sera la plus sûre et la plus infaillible cause de rapprochement.

Leur asservissement au métier des armes inspirera aux peuples le vœu d'une entente légale. La perte universelle de la liberté régénérera les États, et les lois de la pacification européenne seront finalement promulguées.

## CHAPITRE III

### DES CAUSES VÉRITABLES DE L'EXISTENCE DE LA GUERRE

### I

L'indifférence des privilégiés, souvent plus encore, leur scepticisme envers la paix, leur incroyance dans l'abolition du fléau de la guerre, leur inactivité, leur répulsion même à le combattre, leurs railleries et leur dénigrement systématiques des écrits et des actes pacifiques : telles sont les causes de l'existence de la guerre, causes simples, réelles et tangibles. Il faut y ajouter leurs erreurs sur le progrès international, la médiocrité de leurs sentiments et de leurs vues dans la politique générale, et surtout leur inexpérience des maux directs et personnels de la guerre. Ils cherchent parfois bien loin l'origine d'un mal qui est principalement en eux-mêmes. Douter de la réforme pacifique, n'est-ce point déjà être partisan de la guerre, et pour sa part l'auteur coupable et responsable de cet exécrable fléau ?

Les moyens d'établir la paix définitive, ou plutôt de rendre l'esprit public favorable à ce grand progrès, sont les réunions, les associations, les discours, les écrits contre la guerre, l'initiative individuelle. Les privilégiés nient l'influence et l'efficacité de ces moyens, qu'ils ont jugés utiles et dont ils se sont servi pour toute autre entreprise. Mais leur plus grave erreur, c'est qu'ils font abstraction d'eux-mêmes, c'est qu'ils ne veulent ni se compter ni agir dans la question de la paix et de la guerre. L'action individuelle leur semble *a priori* absolument superflue et impuissante. Et cette détestable excuse, cet inadmissible prétexte de ne rien faire pour rendre meilleurs les rapports d'États, leur suffit. Cependant peut-on renoncer à toute volonté, à toute personnalité, parce qu'il s'agit des relations internationales? Non évidemment. Chacun doit se déclarer pour ou contre la durée indéfinie de la guerre. Il n'est personne, quelque humble, quelque obscur, quelque dépourvu d'influence que l'on soit, qui n'ait sa part de responsabilité dans l'existence de ce fléau ou sa part de gloire dans les efforts faits pour l'abolir.

Mais les privilégiés ne connaissent pas cette cause de l'existence de la guerre qui n'est autre que leur mauvaise volonté à l'abroger. Si les rapports d'États sont si imparfaits, c'est qu'ils ne veulent point les améliorer; c'est qu'ils méconnaissent leurs devoirs et leurs obligations envers la civilisation générale, le progrès social, le développement des principes d'ordre et d'équité; c'est enfin qu'ils limitent l'exercice de la justice aux relations des particuliers, alors qu'elle doit s'étendre aussi aux relations des peuples. A quels faits remontent ces préventions et ces erreurs? A leur ignorance des maux de la guerre, au privilège même dont ils jouissent. Ils sont tout ensemble privilégiés de la paix perpétuelle et ennemis de l'abolition de la guerre en Europe ! Malgré cela, ils ne se reconnaissent pas comme les auteurs du naturalisme international. Ils attribuent le féodalisme des rapports d'États à des causes vagues et générales, telles que la puissance divine, ou les passions humaines, ou le défaut d'instruction. Ils ont fait des hypothèses absurdes sur l'origine du droit de guerre, mais ils n'ont point songé à leur propre inertie en matière pacifique. Cependant il n'est pas douteux que le désarmement serait un fait accompli ou bien près de l'être, si la religion, la morale, l'enseignement public, pour ne citer que ces auxiliaires, avaient prêté à la cause pacifique le même appui que l'économie politique. Si, seulement durant le cours de ce siècle, depuis soixante ans environ, les économistes avaient été secondés, avec le même zèle que celui qui les animait pour le progrès international, par ces forces puissantes qu'on appelle l'Église, la Presse et l'Université, on peut affirmer que la grande réforme serait prochaine et s'effectuerait d'elle-même. Car les efforts comme les résultats pacifiques, obtenus par les économistes, sont considérables. Ils ont fondé des associations, réuni des congrès internationaux, et publié de nombreux écrits en faveur de la paix, c'est-à-dire qu'ils se sont servi utilement des moyens ordinaires par lesquels tous les progrès se réalisent.

Toutefois ils n'ont pas réussi à créer un parti puissant contre la guerre, à implanter l'idée de la paix dans l'esprit public. Il est certain que, parmi les privilégiés, fort peu conçoivent l'établissement de la justice dans les litiges d'États. Que dire de la philosophie, de la morale et de la politique en honneur ? Elles sont imbues à un haut degré d'idées militaires et de passions féodales. Le mouvement pacifique concordait avec le dogme de la fraternité humaine et de la charité évangélique. Non seulement l'Église ne s'est point ralliée à la propagande contre la guerre, mais encore elle ne brûle plus de l'amour divin pour les hommes. Si un concile général se réunissait à Rome, ce n'est pas contre le fléau de la guerre qu'on lancerait l'anathème ; non, on ne verrait point les évêques de nationalités diverses en Europe venir déclarer solennellement à la tribune : Tous les peuples sont frères. Ils doivent désarmer.

Enfin les gouvernements se soucient si peu de l'institution de l'arbitrage et de l'établissement de l'ordre dans les rapports d'États, qu'il semble que ces principes, déjà anciens de près d'un siècle, n'ont jamais été formulés dans le passé et ne peuvent pas l'être dans l'avenir. Au contraire, ils sont disposés à épuiser les maux de la guerre, à donner au militarisme un développement sans fin, à armer jusqu'aux enfants et aux vieillards (1). Car, dans leur opinion, les grandes armées ne sont pas un péril pour un pays, ce n'est point un danger d'être soldat. Sans doute, c'est quand on jouit du privilège de la paix perpétuelle que l'on court de grands risques pour sa vie et pour sa liberté !

---

(1) Le lecteur fera, de lui-même, l'exception que comporte aujourd'hui la proposition de l'empereur de Russie, S. M. Nicolas II.

Leur politique est une politique militaire. Ils s'inspirent d'abord de leurs principes contraires à la paix et à la civilisation en matière internationale, et ensuite des intérêts personnels de ceux qui exercent la profession des armes. Les économistes n'ont eu aucune influence sur les privilégiés qui représentent ou qui gouvernent les États. Ils se sont opposés à l'exagération des dépenses militaires, on leur a dit qu'ils désarmaient la patrie ; ils ont proposé l'introduction et la pratique de l'arbitrage dans les litiges publics, on leur a dit qu'ils étaient des rêveurs, « qu'ils feraient mieux de jouer aux barres que de se livrer à la politique » ! Mais dans les Assemblées où les économistes échouent, les ministres de la guerre obtiennent des succès répétés. Bref, les gouvernements de l'Europe, dirigés par les privilégiés, ont pour principe l'accroissement des forces militaires jusqu'au point le plus extrême, le développement illimité des conséquences désastreuses de l'état de guerre.

Ils ignorent le sentiment des peuples ; mais ce sentiment les soldats éclairés de la bourgeoisie le connaissent ; ils s'en feront les interprètes avec plus d'autorité et peut-être aussi avec plus de succès que les économistes. C'est en vain que les amis de la paix ont averti, dans le passé, les gouvernements du péril des armements exagérés, menaçant de conduire les États à la banqueroute, et que, de nos jours, ils expriment les mêmes craintes. Leurs appréhensions, si légitimes, si clairvoyantes, demeurent obscures et sans effet. Cependant les nations, ou, pour mieux dire, les soldats, en matière budgétaire et en matière internationale, pensent comme les économistes. Comme eux, ils sont partisans de la réduction des dépenses militaires et de l'arbitrage international. Et s'ils partagent ces vues, s'ils sont acquis à ces changements, c'est par des considérations encore plus fortes que celles qui ont déterminé les économistes, et dont un jour, qui est prochain, les privilégiés ne méconnaîtront pas l'importance.

Les progrès militaires préoccupent davantage les assemblées et les ministres que l'amélioration solide et durable des rapports d'États. Le relèvement des effectifs, l'avenir de l'armée, le perfectionnement nécessaire du matériel naval... quels problèmes! quelles réformes! On ira jusqu'au dernier degré dans l'exagération militaire. On reviendra peut-être pour les armes et le tir, pour la topographie, la tactique, la stratégie et le reste, aux pratiques du paganisme. Ces choses seront divinisées. Il existe une commission centrale des exercices militaires. Au ministère de la guerre? Non : au ministère de l'instruction publique. Des bataillons de chemins de fer, des compagnies de cavaliers télégraphistes, telles sont les institutions nouvelles de la fin du xix$^e$ siècle! Il y a maintenant des contingents de 150,000 et en principe de 300,000 soldats par an. L'augmentation des cadres est une si belle chose! Les hommes spéciaux peuvent se féliciter. Jamais apôtres, jamais réformateurs, jamais moines et promoteurs de religions nouvelles n'eurent de plus dociles, de plus zélés et de plus obéissants disciples. Ils peuvent, à juste titre, ainsi qu'ils le font du reste, dire, en parlant des députés qui composent les assemblées de l'Europe : « Nos législateurs. »

Les privilégiés ne remarquent pas que les chefs militaires n'exercent que la profession des armes ; qu'ils ne sont obligés d'apprendre l'A B C d'aucun autre métier. Car il est difficile d'avoir à la fois deux professions, de s'astreindre en même temps à deux sortes de travaux, n'ayant entre eux aucune analogie, aucune ressemblance. L'une doit nécessairement être sacrifiée à l'autre, et, dans tous les cas, elles se nuisent réciproquement. Que diraient les chefs militaires si on les contraignait d'apprendre l'agriculture, je suppose, pendant trois ans, et puis pendant des périodes d'instruction variables et répétées ? Que penseraient-ils d'être, durant ce même temps, soumis à l'autorité sans limites d'une classe particulière dans l'État, la classe des propriétaires et des cultivateurs qui, cédant à l'impulsion naturelle à tout corps constitué, chercheraient à accroître démesurément l'étude et l'influence de l'agriculture ? Voilà ce que les privilégiés ont fait vis-à-vis de nous en matière militaire. Ils ont livrés la nation à l'autorité technique et professionnelle d'une seule classe ; et ils ont mis un service, spécial dans le vœu de la nature comme dans une bonne constitution de l'État, au-dessus de tous les autres services publics ou privés. Non, les sciences militaires ne doivent pas devenir toute la science nationale ni même empiéter sur les autres connaissances humaines. A chacun ses aptitudes, ses goûts, ses inclinations. Rien ne révèle davantage le désordre international que cette usurpation d'une science sur toutes les autres, d'une profession sur toutes les autres professions. Et l'anarchie, tel est bien en effet le caractère avéré des rapports des peuples, soustraits à l'empire de la justice et des lois. Cette situation, incomparablement funeste et déplorable, doit promptement cesser, car elle mène les États à la confusios et au chaos.

Jadis les théoriciens de l'absolutisme engageaient les princes à faire de l'art de la guerre leur unique étude et leur seule occupation. Pour un peu, c'est ce que les privilégiés diraient aux peuples du métier des armes. Cependant, si les gouvernements et les assemblées, au lieu de s'appliquer, avec tant d'obstination et d'aveuglement, à la recherche du progrès dans l'armée, consacraient une part de leur temps et de leurs lumières à l'amélioration du droit international, au progrès de la civilisation générale, ne rempliraient-ils pas mieux la tâche qui leur incombe? Si, au lieu d'être exclusivement les amis des réformes militaires, ils étaient tant soit peu les partisans des réformes internationales, ne seraient-ils pas plus dignes de la confiance des peuples? Mais non; ils rejettent les propositions pacifiques, ils refusent même d'entendre les auteurs de ces propositions. Des forts à tourelles, des cuirassés de premier rang, des écoles supérieures et archi-supérieures de guerre, voilà leurs œuvres! Voilà leur manière de comprendre le progrès, c'est le progrès militaire. Quant au progrès international, ah! il est indigne des délibérations de ces Assemblées. Rien ne peut les décider à s'en occuper. Entièrement dévouées à la guerre et au militarisme, elles raillent toute idée d'entente juridique et légale entre les États. Les Parlements ont bien parfois émis des vœux en faveur de l'arbitrage, mais ils ne se sont jamais préoccupés de la suite donnée par les gouvernements à ces mêmes vœux. En matière pacifique les Assemblées pratiquent un platonisme effrayant et en matière militaire un réalisme encore plus périlleux. On se demande où elles s'arrêteront dans la voie des armements.

L'homme de ce siècle le plus avide de guerre, celui pour lequel le recrutement était la grande affaire de l'État, en qui s'incarnait l'esprit militaire, le général Bonaparte aurait reculé devant la conscription générale à l'état de loi constante. Il n'a point exprimé le regret de n'avoir pas pu l'établir, parce que *a priori* il ne la jugeait point possible. Il était réservé aux Parlements d'asservir les peuples au métier des armes.

Ils ont songé à réorganiser les forces militaires, que dis-je ? à développer dans une proportion excessive les charges déjà lourdes de la guerre, sans considérer, à aucun moment, que les rapports des peuples sont l'image de l'arbitraire et du désordre. Les relations d'États, voilà qui est imparfait et inorganique. C'est à l'amélioration de ces rapports, en d'autres termes, à l'établissement de l'ordre international, que Richard Cobden, Virchow, Henry Richard, Frédéric Passy, de Bühler conviaient tour à tour les Assemblées. Qui ont-elles entendu ? La voix de la guerre réclamant pour son service les peuples et la fortune publique. La préparation des chemins de fer en campagne leur paraît supérieure à la constitution d'une Cour suprême des nations ! Mais si les Assemblées n'ont rien refusé à la guerre, si elles cèdent aux caprices les plus invraisemblables du militarisme, en revanche quelle est leur action, leur influence, quels sont leurs bienfaits en ce qui concerne la politique générale ? La réponse est toute négative. Les Parlements n'ont jamais agi en faveur de l'accord solide et durable des États. Nous sommes à la fin du xixe siècle, et ils n'ont pas encore fait justice du prétendu droit de conquête. La fin des annexions, ce principe pacifique élémentaire, ce progrès international que déjà l'histoire devrait enseigner aux enfants, non pas théoriquement, mais par vingt exemples, eh bien ! ils ne l'ont pas encore admis et consacré. Quelques services que les Assemblées aient rendus aux nations, l'histoire ne les excusera pas de ne point s'être placées, en maintes occasions, au dessus des intérêts égoïstes de l'État qu'elles représentaient, afin de servir les vues d'une politique internationale imbue des principes de justice et de paix.

## II

Les privilégiés se sont toujours plu à rechercher seulement les causes abstractives, impersonnelles, du féodalisme international. Le désordre dans les rapports d'États est imputable à tous ceux qui ne veulent point y remédier, à ceux-là précisément qui prétendent n'avoir aucune responsabilité de son existence, et qui en ont une, et très grande, puisqu'ils ne font rien pour le faire disparaître et attaquent ou découragent ceux qui font quelque chose dans ce but. Et ils affirment naïvement qu'ils sont innocents du fléau de la guerre! Or, il n'y a point d'autre alternative possible, on appartient au parti de la paix définitive ou au parti de la guerre perpétuelle. Qui n'est point l'ennemi déclaré du recours à la force dans les différends d'États est évidemment hostile à l'institution de la justice dans ces sortes de litiges. En dépit de ces faits incontestables, les privilégiés s'obstinent à nier que le naturalisme international gît, en dernière analyse, dans l'âme, dans le cœur et dans l'esprit des adversaires du progrès pacifique ou des indifférents à ce progrès.

S'ils essaient de découvrir les causes de l'existence de la guerre, préoccupation qu'ils n'ont malheureusement jamais lorsqu'ils sont au pouvoir, ils regardent toujours en dehors d'eux-mêmes, ils ne scrutent pas leurs propres opinions, ils ne songent point à se demander si personnellement ils sont, comme il convient de l'être, acquis à la réforme internationale ou si cette réforme leur importe peu. Ils raisonnent en dehors de toute base qui est l'individu. Se croyant comme étrangers eux-mêmes au fait de la guerre, et ne concevant pas qu'on leur en puisse faire un reproche, ils s'oublient dans l'analyse des causes de ce fléau et se rejettent sur l'ignorance, la misère, la forme des gouvernements, et même sur la fatalité! Dans le problème de la pacification générale, l'idée de la personnalité humaine leur échappe totalement.

A les entendre ou à les lire, il semblerait que l'état de guerre existe de lui-même, sans l'intervention d'aucun pouvoir visible, indépendamment de l'opposition secrète de tous, malgré les nations, malgré les assemblées, malgré les gouvernements. Cela ne les empêche point d'affirmer, sans l'ombre d'un doute, que la paix définitive est une utopie, et, en même temps, que cette conviction n'influe en rien sur l'imperfection profonde des rapports d'États. Qu'importe qu'ils n'aient aucun sentiment ni aucune idée pacifiques, qu'ils ignorent les actes accomplis en ce siècle en faveur de la paix, qu'ils soient imbus des plus déplorables préjugés, qu'ils n'appartiennent à aucune association contre la durée indéfinie de la guerre, si ce fléau sévit encore aujourd'hui, et avec plus de rigueur que jamais, il n'y a point de leur faute, c'est inévitable et fatal, il serait dérisoire de songer à améliorer les rapports d'États. Ainsi, en niant la possibilité d'abolir la guerre, en méprisant les sociétés et les congrès de la paix, les écrits pacifiques et les propositions de désarmement, en raillant les auteurs de ces actions admirables, ils croient ne pas faire œuvre de guerre et ne point s'en déclarer les plus décidés et les plus intraitables partisans !

Pourquoi tant de travaux, réalisés depuis soixante ans en faveur de la civilisation générale, sont-ils demeurés inconnus et pour ainsi dire inefficaces, sinon parce qu'ils n'en ont point parlé, ni dans la presse, ni dans les chaires, ni dans les assemblées. Il n'y a pas un progrès qui exige un plus grand concours d'efforts et de bonne volonté que celui de l'abolition de la guerre, et il n'y en a pas auquel ils aient refusé leur coopération avec plus de ténacité et d'aveuglement. Des noms, qui devaient devenir célèbres, sont obscurs; des actes qui méritaient la popularité à ceux qui les ont accomplis, sont ignorés. Tout leur est préférable à faire connaître plutôt que les faits, que les événements pacifiques. Et ils ne savent qui rendre responsable de l'absence de relations policées entre les peuples !

Il y a un parti pacifique dans chaque État; ce n'est pourtant pas aux privilégiés éclairés qui le composent, aux amis de la paix, que les soldats peuvent demander compte d'une politique extérieure qui a amené la promulgation des lois de la conscription générale. Tous les efforts des amis de la paix pour un rapprochement juridique et légal des peuples tendaient, non à l'accroissement, mais à la suppression des charges militaires. Ce ne sont pas les privilégiés qui ont fait de l'économie la science pour ainsi dire de la paix, ni les députés qui ont présenté des propositions de désarmement, ni les professeurs ou les philanthropes qui ont fondé des associations pacifiques ou réuni des congrès contre la guerre, auxquels on peut reprocher l'asservissement universel des nations européennes ni les graves atteintes portées à la société civile tout entière. N'est-ce point plutôt aux hommes qui ont fait le silence autour de ces événements, écarté ces propositions, jeté le discrédit sur ces congrès, et qui enfin croiraient s'égarer que d'entrer dans ces associations ? Voilà les origines du naturalisme international, et pourquoi le progrès dans les rapports d'États n'est qu'un principe.

Il faut bien se persuader de ceci que si la guerre existe, c'est par le fait de chacun de nous, à moins que nous ne marquions directement notre volonté pacifique par un acte quelconque, soit en écrivant contre la durée indéfinie de ce fléau en Europe, soit en faisant partie d'une société de la paix. En dehors de ceux qui rendent ainsi témoignage de leurs opinions en matière internationale, il n'y a que des partisans de la guerre, soit parce qu'ils refusent de se servir des moyens propres à l'abolir, soit parce qu'ils sont indifférents au progrès pacifique. On ne saurait trop insister sur le fait de la responsabilité personnelle et individuelle. On se croit trop aisément dégagé de toute participation au féodalisme des rapports d'États, alors même que l'on n'a pour la paix qu'un amour purement platonique. Sans accomplir aucun acte, sans étudier ni lire les œuvres en faveur de la paix, sans même connaître les principes de cette réforme, on se déclare, avec une certitude singulière, une conviction étonnamment naïve, dévoué à la paix. Or, le parti de la guerre perpétuelle se compose, cela est de toute évidence, de ceux qui n'ont jamais ni écrit, ni agi, ni parlé en faveur du progrès international, de tous ceux dont on ne peut point dire qu'ils sont des amis de la paix, parce qu'ils en donnent des preuves convaincantes et positives, qui enfin ignorent les idées et les principes pacifiques, et comment les amis de la paix comprennent les rapports des peuples. Les auteurs inconscients de l'existence de la guerre en Europe sont nombreux. Vraiment il ne suffit point de dire qu'on veut la paix, il faut prouver et établir qu'on veut réellement l'abolition de la guerre, l'ordre international, la substitution de la justice à la force dans les différends d'États, et il faut que cette preuve résulte de faits et de convictions connues et incontestables. L'indifférence n'est pas recevable. Il faut être pour ou contre la perpétuité de la guerre.

Mais les privilégiés, en général, n'ont pas conscience à la fois qu'il existe un parti pacifique et qu'ils ne sont pas eux-mêmes de ce parti. En conséquence ils n'ont point dit quels étaient les auteurs de l'existence de la guerre dans les rapports des peuples, ou tous ceux qui ne sont pas partisans de l'établissement de la paix définitive en Europe. Ils se sont bornés à rechercher les origines du mal, et ils n'ont pas été plus heureux en plaçant ces origines dans l'expiation du péché originel, l'imperfection de la nature humaine, ou la rupture de l'équilibre économique, ou l'insuffisance de l'instruction publique.

Malgré eux, un grand nombre de privilégiés trouvent que la guerre est odieuse, infâme. Ils le déclarent d'abord, avant de combattre la réforme pacifique. C'est là le premier mouvement de la nature, l'impulsion généreuse qu'il faut suivre. La première chose qu'ils font, avant d'élever des objections contre la paix définitive, c'est de condamner la guerre. Ils redoutent de passer pour des partisans de ce fléau. Mais cette aversion n'est point de leur part assez profonde pour les empêcher de critiquer les amis de la paix, et à plus forte raison pour les faire agir avec eux. Pourquoi n'ont-ils pas assez de confiance dans les premières inspirations de leur cœur, dans l'opposition spontanée de leur conscience ? Pourquoi veulent-ils tout à la fois rejeter la guerre en principe et cependant l'accepter en fait, et, pis encore, affirmer que la paix définitive est impossible et que les partisans de cette réforme agissent dans le vide. Ils n'aperçoivent pas la portée d'une telle contradiction et qu'elle est intolérable. Mais assurément ils penseraient comme nous s'il s'agissait d'un tout autre progrès que celui de la paix. Ils n'admettraient pas un seul instant qu'on puisse se prétendre républicain, je suppose, tout en déclarant que l'avènement de la République est un rêve irréalisable. Leurs protestations contre la guerre sont donc vaines et comme superflues, tant qu'elles ne sont pas appuyées d'une conviction inébranlable dans la possibilité de réformer les rapports d'États, et d'actes positifs accomplis dans ce but.

C'est un fait, en vérité singulier, qu'on ne veuille pas être considéré comme un adversaire de la paix tout en niant qu'elle soit faisable, malgré un scepticisme opiniâtre et une inaction systématique. Cependant c'est là une erreur bien répandue, de sorte que, chose inconcevable, s'il y a des amis de la paix, il n'y a pas un seul partisan de la guerre, bien que le féodalisme des rapports d'États soit presque aussi ancien que le monde et qu'il sévisse avec plus de violence que jamais! Il faut revenir de cette erreur si considérable, si funeste à la cause pacifique, si favorable à la perpétuité du fléau de la guerre. Il faut se déclarer sans détour, sans aucune équivoque possible, sans nulle réticence enfin, pour ou contre l'abrogation définitive du recours aux armes dans les litiges ou les rapports des peuples. Les amis de la paix ne peuvent rien souhaiter de mieux, pour la diffusion de leurs idées et le progrès de leurs principes, que cette clarté et cette franchise dans les opinions relatives à la paix ou à la guerre.

Quant aux privilégiés dont nous parlons, ils hésitent, nous l'avons dit, malgré leur incrédulité et leur indifférence, à se prononcer de prime abord en faveur de la guerre, et cette indécision les honore. Qu'ils en tirent cette conséquence qu'il y a au fond de leur cœur un sentiment ineffaçable contre le meurtre, sentiment vague et obscur sans doute, mais profond, fruit de leur nature améliorée, épurée par plusieurs siècles de civilisation.

Les relations des États sont telles qu'il n'en est pas un qui ne puisse prétendre à absorber tous les autres. Ce fait seul démontre l'insanité de la situation internationale, l'incertitude de la paix, et le défaut de sécurité dans lequel vivent les peuples. Ces vérités, très répandues, sont généralement incontestées, mais elles ne sont pas sensibles, elles n'émeuvent pas les privilégiés. Elles ne sont pas un principe d'action, elles ne font pas sortir les classes dirigeantes, sauf une très petite élite en Europe, de leur profonde inertie pour l'établissement de la paix définitive. Ah! la raison est un bien faible élément de progrès, elle est bien passive, si elle n'est pas éveillée par l'intérêt personnel et individuel.

Qu'importe aux gouvernements que ni l'ordre ni la justice ne règnent dans les rapports des peuples; ils tiennent au droit d'user de la force selon leur bon plaisir. Et ce droit, ils l'appellent la souveraineté ou l'indépendance; mais c'est le naturalisme le plus pur, ils sont assez éclairés pour ne pas l'ignorer. Ils savent ce que c'est que la société, la justice, des relations policées ; qu'on ne leur parle point d'étendre ces bienfaits aux nations, ils ont bien autre chose à faire. Si on leur propose de tenter l'accomplissement de ce progrès, ces grands hommes d'État, ces fameux ministres, ces politiques consommés demeurent cois, ou ils balbutient quelques phrases vides de sens ; ils sont déconcertés par la grandeur de l'œuvre, et comme cette réforme n'est ni dans leur cœur, ni dans leur âme, ni dans leur raison, préoccupés des plus médiocres desseins, ils répondent purement et simplement qu'elle n'est point possible. Ils n'ont pas d'autre moyen de dissimuler leur impuissance. Eux qui passent pour les esprits les plus vigoureux, les intelligences les plus vastes et les plus habiles ministres, ils élèvent des objections ridicules, ils font valoir des arguments puérils, ils n'ont plus de génie, plus d'audace, plus d'ardeur.

Quand je recherche l'origine des convictions pacifiques et que je vois qu'elles ont leur principe ou dans la raison, ou dans l'esprit de justice, ou dans la conscience, ou dans l'amour du prochain et de nos semblables, je me dis que si la paix définitive n'est point établie en Europe, c'est qu'il n'y a dans les États qu'un petit nombre de philanthropes, d'amis de l'ordre, de politiques aux vues supérieures, et que les principes économiques ne comptent que fort peu de partisans.

Il n'est pas douteux que les juges ont une conception trop étroite de l'idée de justice, puisqu'ils n'étendent pas cette idée aux rapports des peuples, que les philosophes ne sont pas assez raisonnables, puisqu'ils ne combattent pas la suprématie de la force sur la raison dans les différends d'États ; que les commerçants n'ont pas une intelligence suffisante de leurs intérêts, puisqu'ils se résignent sans murmure aux pertes que leur imposent de longues hostilités ; que les ministres de la religion comprennent imparfaitement l'amour du prochain et le dogme divin de la fraternité, puisque, dans la pratique, ils en limitent l'application aux relations individuelles ; que les hommes d'État enfin n'ont pas une assez bonne opinion de la nature humaine, sans doute parce que la leur propre ne peut pas être donnée en exemple. Or, indépendamment de l'abrogation des lois de la conscription générale, qu'est-ce que la paix, sinon le progrès de la raison, de la justice et de l'ordre, de la dignité, de la concorde et du bien-être des peuples ? On ne contestera donc pas que l'une des causes de l'existence de la guerre se trouve dans le médiocre dévouement de la grande majorité des privilégiés aux plus grands principes et aux sentiments les plus élevés de la nature humaine.

## III

L'indifférence et l'ignorance en matière pacifique sont encore des causes réelles du féodalisme international. A combien de gens l'existence de la guerre en Europe importe peu ! Ils sont insensibles à ce fait qu'il n'y a pas de relations policées entre les peuples. Si on leur apprend qu'une maison s'est écroulée, ils sont certainement plus émus. Le nombre de ceux qui s'intéressent au problème de la paix et de la guerre est très restreint. On n'a pas vu, jamais, en aucun temps, que cette question ait fait l'objet des préoccupations publiques, sollicitant l'effort de toutes les intelligences ; étudiée en chaire, à la tribune, dans la presse ; passionnant les peuples et les gouvernements. Rien n'est moins en discussion au contraire que l'accord juridique et légal des États, que la suppression du droit de guerre et la substitution de l'arbitrage à la force dans les conflits internationaux. Aucun progrès ne soulève moins de tumulte et de polémique, nul n'est plus indifférent, nul ne préoccupe aussi peu la majorité des esprits. La réforme pacifique est une question abstraite qu'il faut vivifier et faire passer de l'économie dans la politique, de l'École dans les écoles, des congrès dans les parlements, des livres dans les faits, de quelques esprits d'élite dans toutes les intelligences. Elle doit aussi devenir populaire. Alors véritablement tout le monde voudra se rendre compte de la position respective des États, des errements de la politique générale, et des principes vrais qui doivent l'inspirer. Jusque là rien n'est fait, rien n'est dit, rien ne s'entend que ce qui a été fait, dit et demandé féodalement sur les rapports d'États.

L'attention des privilégiés se porte sur tout, sauf sur le progrès international et l'établissement de l'ordre en Europe. Ils s'intéressent aux « comptes de la garde-robe du roi Henri IV d'Angleterre avant son accession au trône, » ou à « l'état actuel du Temple de la Fortune à Preneste, » mais ils ne font pas plus de cas d'un congrès de la paix que d'une partie de chasse. Bref, je ne connais aucun objet, aucun problème, dont ils ne se préoccupent, si ce n'est de celui d'améliorer les rapports des peuples.

Que si nous analysons leurs programmes, qu'y trouvons-nous? En premier lieu, la révision de la constitution ; mais dans quel sens? Dans le sens le plus démocratique, pour supprimer, par exemple, le Sénat et la présidence de la République. Ils ne parlent évidemment pas de modifier les lois d'État dans un sens pacifique, pour abolir le droit de guerre, le droit exorbitant qui appartient à chaque État de recourir à la force, l'arbitraire et le bon plaisir absolus des peuples les uns envers les autres.

Il est question aussi dans ces documents de liberté, s'appliquant aux réunions, aux associations, à la presse, aux opinions religieuses. Bien entendu, la liberté pacifique n'est point demandée par des candidats qui ne la connaissent pas.

Il y a les articles relatifs à l'organisation militaire. A quelles fins? Dans un intérêt technique, pour accroître la puissance défensive; non dans l'intention ferme et résolue d'appliquer le principe de l'égalité, et encore moins, cela va de soi, pour instruire les peuples de leurs devoirs réciproques par l'expérience directe et personnelle des maux de la guerre.

L'instruction laïque, gratuite et obligatoire rallie tous les partis dans le parti républicain, mais d'un enseignement propre à inspirer le goût de la civilisation générale, on en chercherait vainement un élément quelconque. Les auteurs de ces anciens programmes sont libre-penseurs, ils ne sont pas partisans de la paix définitive.

L'amélioration du sort des soldats, c'est un progrès inconnu. Quant aux privilèges militaires qui n'ont plus leur raison d'être depuis l'extension à tous des charges de la guerre, loin d'en demander l'abrogation, on demande plutôt à en accroître l'importance et le nombre !

Enfin, et comme exemple de la tolérance particulière au xixe siècle, limiter et restreindre, autant que faire se pourra, les immunités accordées aux étrangers.

Ainsi ce qui tient la plus petite place dans les préoccupations des privilégiés, ce n'est ni plus ni moins que la politique générale, la situation de l'État vis-à-vis des autres puissances, les relations internationales; et les principes pacifiques leur sont tellement peu connus, que le système en vigueur dans les rapports d'États étant acquis, il leur semble comme inutile et vain, même de le définir, de l'analyser, de le contrôler. C'est l'acceptation pure et simple, l'acceptation absolue et indiscutée de ce qui est : droit de guerre et droit de conquête inaliénables pour un État; suprématie de la force sur l'arbitrage dans les différends des peuples : l'ordre et la justice bornés aux relations individuelles; en conséquence : lois de la conscription générale, service militaire universel, suppression des engagements d'un an et du privilège pacifique de l'Église, c'est-à-dire subordination des lettres, des sciences et des arts, de la religion et de la morale, à la guerre, armement continu, dépenses militaires arrêtées annuellement à un milliard !

Ils recommandent au personnel enseignant de « former des citoyens pour un État laïque et libre, » mais non pas de les instruire sur leurs devoirs en matière internationale, sur les vrais principes applicables aux rapports d'États, sur le progrès de la civilisation générale et la nécessité d'établir en Europe une paix durable. Or, je le demande, comment un État, qui ne jouit point de la paix, peut-il être libre ? Il importe peu qu'il soit laïque, ou du moins cela ne suffit pas. Sans doute les privilégiés ont pensé qu'il était bon de soustraire la société civile à la domination cléricale, et ils ont assurément travaillé à ce but louable, mais en même temps ils ont livré cette société et l'Église à la domination militaire. Quelque laïque et républicain que soit l'État, on n'y a point la liberté, si l'on est asservi au métier des armes. La condition de soldat est-elle une condition libre ? Le service militaire est-il obligatoire ou volontaire ? Les privilégiés n'étendent pas jusque là la notion de la liberté, ils ne connaissent pas la liberté pacifique. Et de cette liberté nous jouirions dans la monarchique Angleterre. Quoi qu'ils en puissent penser, le gouvernement républicain ne procure pas en lui-même toutes les libertés. Ils oublient sans cesse la position respective des États, que les rapports publics ne sont pas assouplis aux principes de la justice et de l'ordre, que les peuples ne sont point associés, et que, fatalement, *a priori*, d'une façon inévitable, l'absence d'ordre, de justice et d'alliance, soit entre les individus, soit entre les peuples, doit amener une diminution notable, un amoindrissement sensible, une privation considérable de liberté.

Souvent j'ai entendu dire que l'idée de la paix était encore dans le domaine philosophique, et il y a un siècle que cette idée est sortie du domaine de la philosophie pour entrer dans celui de l'économie politique. Les hommes qui ont le plus répandu cette idée dans le cours de ce siècle, qui ont écrit pour la paix, fondé des associations et réuni des congrès contre la guerre, ce sont les économistes. Et ils ont combattu ce fléau, moins au nom de la raison que dans l'intérêt du commerce, pour accroître les échanges et faciliter les transactions, pour augmenter le bien-être des peuples. L'extension de l'idée de justice aux relations internationales n'a certainement pas été étrangère à leur action en faveur de la paix, mais ils se sont surtout inspirés des mobiles que je viens d'énumérer. On trouvera dans les résolutions si remarquables, adoptées par le Congrès de la paix de 1878 à Paris, un vœu en faveur du libre-échange, bien que la réforme internationale soit loin de se confondre avec les problèmes économiques. Mais l'histoire du mouvement pacifique n'est pas connue, et cette ignorance est la source de l'erreur dont nous venons de démontrer la fausseté et le retard. Les députés, qui ont présenté des propositions de désarmement, ne sont pas des philosophes, ni les présidents des associations pacifiques. Ce qui est vrai, au contraire, c'est qu'il n'y a pas un seul philosophe dont la défense de la paix ait fait la célébrité au XIXe siècle. La raison sera toujours un argument puissant contre la guerre, et la saine philosophie ne cessera pas de combattre ce fléau, malgré des moments passagers de silence, jusqu'au jour où la guerre sera enfin abolie en Europe. Mais à la philosophie est venue se joindre l'économie politique, et aux philosophes les économistes. Depuis le commencement du siècle, ces derniers ont glorieusement agi pour l'accord juridique et légal des peuples. Ils ont accompli des œuvres pacifiques qui feront vivre leur souvenir, et où je vois la préface de l'établissement de la paix définitive en Europe.

Les privilégiés soutiennent donc que l'idée de la paix est une idée purement métaphysique, et c'est un imprimeur sur étoffes qui a présenté, vers le milieu de ce siècle, la première proposition de désarmement (1)! N'est-ce pas comme s'ils disaient que le serment du Jeu de paume a été prêté le 21 juin 1889!

Elle est brève l'instruction pacifique des privilégiés. Ainsi ils répètent avec complaisance que l'idée d'abolir la guerre et de résoudre juridiquement les conflits d'États est ancienne. Cela est vrai, mais une distinction est nécessaire. L'action pacifique est nouvelle. Si, de tout temps, la raison humaine a vaguement conçu un ordre meilleur dans les relations internationales, avant le XIXe siècle, rien n'a été sérieusement tenté pour l'application de ce progrès. Je ne parle pas de l'initiative des gouvernements, qui est à peu près nulle, mais même de l'action individuelle, toute récente également. Avant

---

(1) Richard Cobden, Chambre des communes, janvier 1848.

1815, il n'y a eu en Europe, et sans doute dans le monde entier, ni journaux, ni réunions, ni associations pacifiques. Ce sont trois faits nouveaux qui appartiennent au xixe siècle, et qui signalent d'une façon particulière notre époque. Les privilégiés se croient suffisamment instruits sur la réforme internationale, en n'ignorant pas que Henri IV et son ministre Sully avaient formé « le grand dessein » de la république chrétienne, que l'abbé de Saint-Pierre et Emmanuel Kant ont écrit contre la perpétuité du fléau de la guerre. Mais leur ignorance est au contraire profonde, car ils ne connaissent de l'histoire pacifique que l'introduction pour ainsi dire, et encore imparfaitement, n'étant point par eux-mêmes au courant de ces faits. En général, ils n'ont pas lu les mémoires de Sully, ni l'essai de Kant, ni l'œuvre de l'abbé de Saint-Pierre. Ils ne veulent même pas faire cet effort. Or, ils ne sont pas moins ignorants de l'histoire de la paix, en ne connaissant pas les événements pacifiques accomplis de nos jours, qu'ils ne le seraient de l'histoire de la Révolution française, par exemple, en ne connaissant que les ouvrages des écrivains et des philosophes du xviiie siècle.

L'histoire des actes pacifiques de toute nature, tels que: associations, congrès, adresses aux gouvernements, journaux, bulletins, concours, propositions de désarmement, est assurément une des belles pages des annales contemporaines. Notre époque peut s'en glorifier. Ils sont la contre-partie du développement militaire excessif auquel nous assistons, et leur éclat en est effacé; mais du jour où la fureur d'armements, qui égare les assemblées et les peuples, se sera apaisée, ces mêmes faits réapparaîtront avec toute la puissance de bon sens et de progrès qui est en eux, et on s'apercevra que le courant de la civilisation générale, en apparence tari en Europe à la fin de ce siècle, n'a pas interrompu sa marche, qu'il était seulement invisible.....

Ainsi, jusqu'en 1815, l'idée d'établir la paix définitive n'est qu'une idée ; la volonté pacifique est née au xix$^e$ siècle, et le vingtième verra l'abolition de la guerre en Europe.

Les privilégiés n'ont point une conscience nette, sans cesse en éveil, constante et aiguë, de ce fait : le naturalisme des rapports d'États. Ce qu'ils appellent communément la paix n'est autre chose que la situation d'un peuple dont l'armée ne se bat pas. Cela prouve qu'ils ont de la paix une conception très restreinte, dans tous les cas bien différente de celle que nous en avons. Pour eux elle consiste purement et simplement dans l'absence de guerre, et pour nous dans l'abolition de ce fléau. En ce moment, notre pays n'a de conflit armé avec aucune puissance; aucun de ses régiments, aucun de ses bataillons ne tient la campagne. Est-il dans une situation pacifique ? Non certainement, car, dans un an, dans un mois, demain peut-être, non seulement un litige peut s'élever entre lui et un autre État, mais encore deux cent mille existences seront sacrifiées à la solution de ce différend. Il est bien clair que, tant que les rapports des peuples ne sont pas juridiques et légaux, la paix, existante aujourd'hui, peut être rompue à bref délai, et la guerre suivre cette rupture. C'est cette éventualité

7

même qu'il faut supprimer, et dont la suppression constituera la paix véritable. Car est-ce jouir d'une paix réelle que de craindre chaque jour l'ouverture des hostilités, la mobilisation de plusieurs centaines de mille hommes, finalement un long échange de cartouches et autres projectiles plus redoutables, entre deux armées incomparablement nombreuses ?

Les assurances prodiguées par les ministres dans les Assemblées ou ailleurs, de maintenir la paix armée, alors même qu'elles sont sincères, outre qu'elles prouvent l'insuffisance de leurs vues qui ne s'élèvent jamais à la paix définitive, ne peuvent suffire aux soldats de la bourgeoisie qui voient dans l'amélioration sérieuse des rapports des peuples, non seulement l'abolition de la guerre, mais la fin de leur servitude. Que les privilégiés se rendent bien compte de la différence de leur situation avec la nôtre. La paix armée leur suffit. Pourquoi ? Parce que non seulement ils ne sont pas asservis, mais que, dix-neuf fois sur vingt, ils n'ont point à craindre, si l'on en vient aux armes, pour leur vie. Ainsi donc, rassurés à la fois et sur leur liberté et sur leur existence, quoi d'étonnant que leurs désirs, que leurs conceptions s'arrêtent au maintien de la paix armée, et qu'ils pensent qu'il n'y a pas de grands progrès à accomplir dans les relations internationales ? S'ils ne sont ni partisans du désarmement, ni même préoccupés d'en assurer aux peuples les bienfaits, la cause en est dans leur indépendance et leur sécurité personnelles.

Que les privilégiés soient bien convaincus que les opinions et les volontés pacifiques, exprimées depuis un certain temps, ont leur source, non point dans les fantaisies de l'imagination ou les caprices d'une intelligence déréglée, mais dans ce que la réalité a de plus sensible et de plus plat, si l'on peut s'exprimer ainsi. L'origine la plus forte des sentiments favorables à la paix est la condition de soldat, et c'est cette origine qui en assurera le triomphe. Aucune objection, aucun obstacle, aucune répression ne s'opposeront au développement de la raison et de la conscience pacifiques des soldats éclairés de la bourgeoisie européenne. Les gouvernements, composés de privilégiés, n'ont aucune notion de ce nouvel esprit des peuples, parce qu'encore ses manifestations n'ont été ni nombreuses, ni rendues publiques, mais il est incontestable qu'il existe et qu'il contient les germes des plus grands événements, des réformes les plus nouvelles et les plus magnifiques. Dans les convictions pacifiques des soldats, il n'y a rien d'arbitraire, rien d'illogique, rien de fantasque, rien d'exagéré.

L'absence permanente de rapports définis entre les États, telle est la situation que les privilégiés n'aperçoivent point. Quand nous parlons de la paix, nous entendons que la position respective des peuples est déplorable, qu'on peut la comparer à l'état de nature, qu'elle appelle d'impérieux changements, de profondes modifications. Mais les privilégiés sont satisfaits à meilleur compte ; lorsqu'ils louent la paix, qu'ils en font l'apologie, qu'ils la présentent comme un bien désirable et l'objet de leurs préoccupations les plus vives, il est seulement question, dans leur esprit et en fait, de la paix armée. Quant au progrès international, à l'accord juridique et légal des peuples, à l'amélioration solide et durable des rapports d'États, ils ne savent ce que c'est. La paix armée d'ailleurs, cela se comprend, comble leurs vœux. En effet, si la guerre sévit, ils sont à l'abri de ses coups, hors des atteintes de ce fléau; et, si elle ne sévit pas, il sont libres. Dès lors ils n'ont pas le désir, l'ambition ou seulement l'idée de substituer, dans les différends d'États, l'arbitrage à la force. Le féodalisme international demeure étranger à leurs pensées, de sorte que leur langage ne révèle jamais la préoccupation de ce fait si terrible. Plusieurs d'entre eux ont sans doute lu ce commentaire de Kant : « Les éléments du droit des gens sont : 1º que les États, considérés dans leurs rapports mutuels externes (comme des sauvages sans lois), sont naturellement dans un état non juridique ; 2º que cet état est un état de guerre (du droit du plus fort), quoiqu'il n'y ait pas en réalité toujours guerre et toujours hostilité. Cette position respective est très injuste en elle-même, et tout l'effort du droit est d'en sortir. » Mais combien ont retenu l'enseignement que renferment ces lignes ?

Ainsi donc un pays, alors même qu'il n'a pas de querelle avec une puissance étrangère, alors même qu'il ne mobilise point ses troupes, est en « état de guerre » avec les autres peuples, et l'on ne peut raisonnablement donner à cet état le nom de paix. Les soldats ne parleront point ce langage, parce que, dans cet état de guerre, bien qu'ils ne se battent pas, ils sont néanmoins asservis. Demandez à un privilégié ce qui pour lui distingue la paix de la guerre. Il vous répondra que, dans le premier cas, son gouvernement n'a point de contestation extérieure violente et déclarée, et que, dans le second cas, il a un litige à régler par la force, par la voie des armes. Individuellement peu lui importe la paix ou la guerre; ni sa liberté ni son existence ne sont en péril. En conséquence, pour la prospérité publique, il ne voit rien au-delà de la paix armée. La civilisation des rapports des peuples, le désarmement et la pacification, autant de progrès vides de sens, autant de réformes dépourvues d'intérêt et d'urgence. S'il est quelque peu raisonnable, il ne contestera pas que le philosophe allemand n'ait très bien défini et caractérisé la position respective des États, mais cela admis, si toutefois il consent à voir, ne fût-ce qu'un instant, le fond des choses, ni dans ses actes ni dans son langage, il ne marquera jamais le moindre sentiment de ces faits déplorables, mais qui ne le mettent pas personnellement en cause.

Les soldats peuvent-ils partager la même indifférence? Non assurément, car, pour eux, l'état de guerre se traduit par l'asservissement au métier des armes. Que leur pays ait des relations paisibles, amicales, cordiales même, avec les autres États, en sont-ils moins sous le joug de la guerre, en sont-ils moins esclaves? La servitude leur rend odieuse la paix armée; ils conçoivent pour les peuples un bien supérieur, et l'état de guerre leur est encore plus insupportable que la guerre elle-même. Pour eux, comme pour les promoteurs du progrès international au xix<sup>e</sup> siècle, il n'y a de paix réelle, de paix vraie et désirable, que dans la pacification et la suprématie de la justice sur la force dans les litiges d'États. Ils subordonnent la satisfaction de leurs vœux et de leurs intérêts à l'établissement de l'ordre international, condition nécessaire, inéluctable, de leur affranchissement, de leur libération définitive.

On voit, dès lors, que la paix, telle que nous l'entendons, diffère essentiellement de cette tranquillité passagère, incertaine et précaire, prônée par les gouvernements ou dans les assemblées. Cependant il est nécessaire que la clarté se fasse sur les idées et le langage pacifiques, comme aussi sur les expressions et les principes contraires. Quand donc les ministres promettent la paix, comme il ne s'agit dans leur esprit ni de la paix définitive, ni de l'accord juridique et légal des peuples, ni de l'abrogation des lois du service militaire universel, ils ne promettent pas autre chose au fond que la durée indéfinie de la guerre. Ils n'ont point l'idée de l'ordre européen, et la pensée sérieuse, réfléchie, attentive de la réforme pacifique, leur est inconnue. Ils n'attachent aucune valeur spéculative, aucune importance pratique, au programme des amis de la paix, parce qu'ils n'ont, je le répète, qu'une notion imparfaite, vague, tout inconsistante, du naturalisme international. Bref, ils n'aperçoivent que la surface des choses. Ils croient rendre un grand service à l'Europe et à leurs concitoyens quand ils s'efforcent loyalement de maintenir la paix armée, sans réfléchir que cette paix armée pour les soldats est un fardeau intolérable, dont on ne peut délivrer les peuples que par des mesures empreintes d'un esprit positivement pacifique. Leur inconscience du féodalisme des rapports d'États dépasse toute croyance. Leurs actes, leurs discours, leur politique ne témoignent, en aucune circonstance, d'un intérêt quelconque pour la civilisation générale. Cependant les éléments primordiaux de la civilisation ne font-ils pas évidemment défaut aux rapports des peuples, rapports désordonnés où la force est la suprême loi !

En résumé, la paix, désirée par les soldats, n'est point la situation d'un État qui n'a point d'ennemis à combattre, mais la situation d'un État, dont les litiges avec les autres puissances sont résolus juridiquement, et dont l'armée se compose exclusivement d'hommes libres. L'arbitrage international collectivement institué, et le recrutement volontaire : tels sont les progrès pacifiques réels et vraiment appréciables. Les soldats ne peuvent s'y tromper. Et, en effet, quelle est l'obligation qu'ils subissent ? L'asservissement au métier des armes. Quel est leur vœu ? S'affranchir de ce joug. Or, ils n'ignorent pas en premier lieu que leur condition asservie dérive du désordre international, et secondement que la liberté de la paix ne leur sera rendue que par l'accord juridique et légal des peuples. Que leur importe en conséquence qu'il n'y ait point de guerre ! Il faut, pour qu'ils redeviennent libres, non seulement que ce fléau soit conjuré, mais encore qu'il soit définitivement aboli.

On s'explique que les privilégiés n'aient point posé des conclusions aussi nettes. Néanmoins ils ne sont pas excusables de demeurer quand même, de parti pris, systématiquement hostiles à une amélioration solide et durable des rapports d'États. Car enfin n'existet-il pas des signes trop éclatants du naturalisme international ? Tant que l'ancienne organisation était en vigueur, que le service militaire était partiel, que la bourgeoisie, l'université et l'église jouissaient des privilèges pacifiques, que la guerre se faisait par une portion très restreinte du pays, on peut admettre que la réforme de la paix ne fût pas comprise par les gouvernements dans les travaux pratiques et urgents. Aussi ne s'en préoccupaient-ils que lorsque, par hasard, un député présentait une proposition de désarmement, ou si une délégation d'amis de la paix venait leur lire une adresse pacifique. Aujourd'hui l'organisation militaire a fait de tels progrès, l'armement s'est si considérablement accru, les dépenses de guerre enfin se sont élevées à un chiffre si énorme, que l'indifférence des assemblées et des gouvernements envers la paix n'est plus concevable. En vérité, l'état de guerre est apparent. Constaté, défini, rejeté par la sagesse philosophique, à charge aux peuples et profondément haï des soldats, est-il admissible qu'il soit comme ignoré dans les conseils des nations, dans les conseils des ministres ?

Quoi de moins spéculatif cependant, quoi de moins théorique et de moins nuageux que ce fait : « Les peuples ne vivent pas entre eux sous des lois civiles ? » Il me semble que le féodalisme international est la chose la plus brutale du monde, la plus visible, la plus tangible. Eh bien, cette réalité si concrète ne saisit pas l'esprit des foules, ni même l'intelligence des classes éclairées et dirigeantes. A l'exemple des gouvernements et des assemblées, l'église, l'université et la presse ne paraissent pas se douter que les relations d'États sont marquées au coin d'une extrême barbarie et exigent d'impérieuses améliorations qui, quelque grandes qu'elles semblent de prime abord, n'auront pas cependant d'autre résultat que cette conséquence si simple : l'alliance des peuples. Est-ce à cause de cette simplicité finale du progrès que le naturalisme international fait très peu parler de lui, au point que l'on croirait que les rapports publics sont améliorés, ordonnés, policés depuis longtemps ? Loin de là. Le désordre, l'arbitraire, la licence fleurissent en Europe en 1899 comme au xii<sup>e</sup> ou au xiii<sup>e</sup> siècle. L'esprit de bouleversement, le goût de la spoliation, « la fureur insociable et farouche de s'agrandir, » inspirent les sentiments et dirigent la conduite de ministres connus, en lesquels les peuples armés paraissent encore avoir confiance. Le partage et la dislocation du territoire de cet État, ou des colonies de cette puissance maritime, ou des provinces de cet empire chancelant, sont des théories communes, dont la répression, cela va de soi, n'est point prévue. Mais pensez-vous que de si détestables excitations soient combattues et flétries en chaire par exemple ? Jamais. Même silence dans les Assemblées. Dans ces conditions la politique générale ne varie point ; le naturalisme des rapports internationaux est un fait que l'on ne soupçonne même pas ; et cette belle ignorance, ces errements immuables ont conduit insensiblement les peuples à la plus écrasante organisation militaire qui se puisse imaginer. Conséquence bien positive, d'une situation aussi réelle que possible, mais qu'un idéalisme incorrigible s'obstine à taire et à dissimuler !

En un sens il est vrai de dire que les grandes armées sont un gage précieux de sécurité nationale. Du moment qu'il n'y a pas de lois communes aux États, et que chacun d'eux jouit du droit de guerre, il est nécessaire que tout gouvernement se prémunisse contre les périls inhérents à une telle situation. Cela est vrai encore en vertu de cet axiome technique incontestable qu'un peuple doit être aussi bien armé, s'il le peut, que celui de ses voisins qui l'est le mieux. A raison de ces faits et de ces principes, il est juste de reconnaître qu'une grande armée n'est pas un danger pour un pays. Mais si on n'apporte pas à cette proposition tous les correctifs que suggèrent l'ordre, la morale, l'économie politique, la liberté individuelle, l'entente des règles véritables qui doivent présider aux rapports des peuples, si, en d'autres termes, on se place à un point de vue purement militaire, on mérite toutes les critiques. En se bornant à constater que l'entretien de forces considérables s'impose à la nation, sans indiquer la cause de cette nécessité, ni l'origine de ce mal, et le remède possible, on parle comme un général au courant de son métier, mais non pas en homme d'État, digne de gouverner un grand peuple.

Pour faire la critique de la proposition citée plus haut et formulée sans aucun commentaire par son auteur, voyons ce qu'elle signifie par rapport aux hommes qui composent une armée ; elle signifie ceci : que la profession des armes n'est pas une profession périlleuse et que la condition de soldat est la plus enviable des conditions ; elle signifie que l'obligation de servir s'accorde avec la liberté individuelle, et que l'asservissement au métier des armes est le gage de notre indépendance personnelle !

Quel accueil recevrait dans une réunion pacifique celui qui y viendrait prôner, sans restriction, le développement excessif de l'organisation militaire qu'implique le système de la nation armée ? Autant vaudrait tenir aux membres de cette réunion, tous dévoués au progrès de la civilisation générale, tous comprenant les rapports des peuples selon les principes de la justice et de l'ordre, le discours suivant : Il est bon, il est utile, il est juste, il est raisonnable que la guerre existe en Europe ; que la force y soit prépondérante ; que les États y jouissent à perpétuité les uns envers les autres de la plus extrême licence ; l'existence de la guerre ne menace pas la vie de plusieurs centaines de mille hommes ; le naturalisme est un bienfait, la conscription générale un progrès ; ne croyez pas ceux qui vous diront que la guerre est un fléau, un malheur, une calamité publique !

Que de savoir si, au point de vue économique, des forces trop nombreuses ne sont pas un danger pour un pays, aucun doute ne peut s'élever à cet égard. D'énormes dépenses militaires compromettent tellement l'économie du budget, que les théoriciens du militarisme avouent que les peuples doivent craindre, s'ils continuent, de se ruiner. Évidemment il y a un péril indiscutable dans l'augmentation croissante des budgets militaires, et aucun gouvernement ne niera ce danger. Évidemment l'armement contemporain tarit dans un pays les sources de la prospérité publique. Ne faut-il concevoir aucune appréhension de ce résultat authentique ? Ne doit-on pas, sans pessimisme déplacé, redouter la banqueroute finale ?

Ainsi, ni les soldats, ni les amis de la paix, ni les économistes ne peuvent admettre, à de multiples points de vue, que les grandes armées sont dans l'État une institution si parfaite qu'elle doive inspirer aux peuples une confiance absolue. Mais la philanthropie représentée, je suppose, par l'abbé de Saint-Pierre; mais la philosophie ayant pour organes Kant et Montesquieu; mais le droit des gens tel qu'il fût professé, il y a quelques années, par un ministre italien, n'ont-ils rien à reprendre aux excès militaires du siècle ? « Il n'y a que les nations barbares où tout le monde est soldat, » s'écriait, en 1872, dans une assemblée délibérante, le chef du pouvoir exécutif en France, qui n'était pas un ami de la paix et par conséquent un rêveur. Le retour à la barbarie est-il un motif de sécurité ? La réapparition d'un passé militaire, que l'on croyait à jamais aboli, est-ce un motif de quiétude ? La guerre a conduit le monde ancien au chaos ; elle peut dans un temps donné bouleverser l'Europe. Au siècle dernier l'auteur de l'*Esprit des lois* a exprimé cette crainte, à laquelle l'autorisait ce seul fait, le naturalisme international, dont il avait une conception trop vive et trop nette pour qu'il n'en fût point alarmé. Aujourd'hui non seulement le naturalisme européen sévit toujours, mais il a produit ses conséquences les plus redoutables : des frais immenses et le service militaire universel.

La politique qui a mené à des résultats si désastreux, n'est point la bonne, celle dans laquelle il faut persévérer. Les soldats éclairés du peuple et de la bourgeoisie, convaincus de la nécessité de réduire les armements et les dépenses de guerre, donneront pour mandat à leurs vrais représentants de travailler sans relâche, avec d'autant plus de zèle que cette tâche a été plus négligée, à l'amélioration solide et durable des rapports d'États, seule politique qui puisse libérer les nations et l'Europe de l'écrasant fardeau de la guerre et du poids insupportable de l'asservissement militaire.

## IV

Les souverains, dans les discours du trône; les ministres, dans leurs déclarations; les diplomates, en présentant leurs lettres de créance; enfin les présidents, dans leurs messages, affirment tous, avec un ensemble parfait et une unanimité touchante, que les relations des États sont amicales, pacifiques, cordiales, finalement excellentes. Il me semble qu'ils exagèrent, qu'ils sont optimistes, qu'ils versent dans un idéalisme admissible sans doute de la part des amis de la paix, mais bien surprenant chez les adversaires de ce progrès. Comment, en premier lieu, concilier leurs dires avec les armements, sans cesse accrus, auxquels chacun d'eux se livre avec un acharnement des plus marqués? Comment faire cadrer cette phraséologie avec les principes et les sentiments bien connus des privilégiés dans la politique étrangère? On sait, à n'en pas douter, quels buts secrets ils poursuivent, la prépondérance due à la force, l'agrandissement territorial au détriment du voisin, la possession paisible des conquêtes mal acquises et l'obtention de nouvelles conquêtes tout aussi peu recommandables. Les promesses pacifiques des chefs d'État, des ministres et des ambassadeurs, laissent le champ ouvert aux antagonismes, aux convoitises, aux invasions et aux démembrements, à tous les excès de la force. Ils présentent, sous des couleurs favorables, une situation constamment périlleuse. A les entendre, il semblerait que la position respective des États ressemble à tout ce qu'il y a de meilleur et d'irréprochable. Qui donc a raison des ministres qui prétendent qu'il existe d'excellents rapports entre les peuples, ou des philosophes qui affirment, sans que personne les contredise, que « les peuples ne peuvent être considérés que comme autant d'individus particuliers vivant dans l'état de nature? »

On ne se contente pas d'exalter sans cesse, à tout propos, dans toutes les occasions petites ou grandes, le caractère pacifique des relations internationales, on répète souvent qu'elles sont amicales. *A priori*, cela est en fait difficile avec des gouvernements dont les membres sont tous plus ou moins accessibles aux idées de partage et de démembrement d'un État vaincu. Mais j'admets qu'en effet les rapports des peuples fussent sérieusement empreints d'union, de concorde et d'amitié. Quand cela serait, quand il serait vrai que les nations sont alliées ou imbues les unes envers les autres des sentiments les plus louables, des sympathies les plus vives, est-ce que les partisans du progrès international peuvent se contenter de ces choses, très belles sans doute, mais non moins fragiles ? Les sociétés sont-elles exclusivement fondées sur la fraternité et la vertu ? Est-ce avec le sentiment seul, et sans autre moyen, que l'on établit le règne de la justice et de l'ordre ? A des relations amicales nous préférerions des relations policées, et l'on sait ce que nous entendons par là, on sait que nous entendons, sous cette forme, l'accord juridique et légal des peuples.

Les adversaires de la paix reprochent assez souvent aux amis de cette réforme un sentimentalisme dont ils pourraient plutôt s'accuser eux-mêmes. Car enfin que voulons-nous ? Des rapports définis, ordonnés, policés, je le répète, entre les États ; une organisation générale cimentée par des lois collectives et des institutions communes. Eux au contraire sont partisans du libre-arbitre illimité de chaque peuple, libre-arbitre toujours favorable aux caprices, aux ambitions et aux convoitises. Dans la politique générale, ou le règne du sentiment, de l'entente cordiale, de l'amitié, de la fraternité, ou le déchaînement de toutes les passions ; mais jamais l'empire des lois, jamais la formule constitutionnelle des droits et des devoirs mutuels de chacun, jamais les progrès positifs, sincères et durables des rapports internationaux. Assurément il est difficile de présenter les relations internationales sous un jour plus faux que ne le font les ministres, qu'ils se trompent sciemment ou non. Mettons que, n'ayant jamais conçu la pensée d'une amélioration progressive et sérieuse des rapports publics, ils soient sincères. Dupes de leur propre ignorance, ils trompent également les peuples par des déclarations dont, ce qui est plus étonnant, chacun reconnaît au fond le mensonge et l'inanité.

Il ne suffit pas aux privilégiés d'affirmer que les relations extérieures sont pacifiques ou amicales; non, cet idéalisme ne leur suffit point; ils vont plus loin : les relations d'États sont excellentes. Alors comment appellera-t-on ces mêmes relations quand la paix définitive sera conclue, quand le désarmement sera un fait accompli? On ne trouvera évidemment pas d'expressions assez significatives, assez pompeuses, assez satisfaisantes. Lorsque, dans plusieurs États, 500,000 hommes sont sous les armes et 1,500,000 prêts à rejoindre, il est inexact, il est funeste de déclarer que les relations de l'État avec les puissances étrangères ne laissent rien à désirer, en d'autres termes qu'il n'y a aucun progrès à réaliser dans la politique générale, et que les choses étant telles qu'elles sont, tout est pour le mieux. Non seulement les rapports internationaux sont *a priori* déplorables, puisqu'ils sont purement naturels, mais encore en fait la position respective des États ne fut à aucune époque plus grave, plus redoutable, plus périlleuse. Je ne parlerai pas des révolutions futures, des orages et des secousses que doit causer la substitution en Europe de la justice à la force, de l'ordre à l'anarchie, de la pacification à l'état de guerre. Non; je n'envisage que la situation présente. Eh bien, l'Europe féodale de nos jours est en plein moyen-âge militaire. Ne formant pas une association juridique, les peuples sont dans l'enfance et la barbarie, à la veille d'une guerre positivement universelle, où ils seront eux-mêmes engagés ; la vie de plusieurs centaines de mille hommes est en péril, et on affirme que les relations des États sont excellentes ! Je le demande, l'ignorance et l'aveuglement furent-ils jamais aussi grands ?

J'ai dit que les déclarations optimistes sur le caractère pacifique et amical, sur l'excellence des relations internationales, étaient funestes; en effet, elles endorment l'esprit public sur les dangers incessants du naturalisme international. De ce langage imprudent est née cette croyance si fausse que tout le monde veut la paix alors que si peu de gens travaillent à son établissement. Les poètes ont renchéri sur les ministres, et la paix est devenue « une sublime volonté universelle. » Il n'y a pas d'erreur plus répandue et plus curieuse que celle qui consiste à dire que *personne ne veut la guerre*. Et cependant il y a des lois qui l'instituent, des Parlements qui usent du droit que leur confèrent ces lois, des nations qui subissent le recours aux armes dans les litiges d'États, une croyance très connue sur l'impossibilité d'abolir ce fait. Mais personne ne veut la guerre, personne n'est hostile ou indifférent au progrès international. Quel étonnant préjugé ! Quelle singulière opinion ! Les amis de la paix eux-mêmes ont accrédité l'erreur que nous réfutons en disant que tout le monde détestait la guerre, affirmation bien embarrassante, si elle était vraie, car alors le problème si difficile déjà des causes de l'existence de ce fléau deviendrait comme insoluble. Non, la guerre n'est pas unanimement combattue, elle n'est pas odieuse à tous, et on a pu dire au contraire, avec juste raison, dans un livre en faisant presque l'apologie, qu'elle rencontrait fort peu d'opposition.

En ce qui concerne les privilégiés, cela est incontestable. Néanmoins la plupart d'entre eux, et très sincèrement, se défendent d'être des ennemis de la paix, parce qu'ils s'imaginent qu'il suffit pour cela de ne pas vouloir la rupture des relations diplomatiques. Or, comme les gouvernements, les premiers, assurent périodiquement que tel est aussi le but constant de leurs efforts, la conclusion logique est celle qui se résume dans cette vaine formule : Personne ne veut la guerre. Mais est-il possible que la paix armée dure indéfiniment sans hostilités déclarées, sans qu'un beau jour, juste au moment où l'on ne s'y attend point, la guerre, comme on le dit du reste, ne vienne à éclater? Voilà certes qui est plus irréalisable encore que le progrès pacifique. N'importe ! Les vrais amis de la paix, quand ils parlent en faveur de cette réforme, se heurtent toujours à cette réponse qu'il est absolument superflu d'y penser ou de s'en occuper, attendu que la paix est dans l'âme et dans le cœur de tous. Comment l'esprit public croirait-il à l'imperfection profonde, radicale, redoutable, des relations internationales, lorsque officiellement on s'exprime sur ces relations avec tant de confiance et de sérénité !

Les privilégiés ont une connaissance incomplète des maux de la guerre. Quelques-uns, en petit nombre, il est vrai, nient même que ce fléau soit un mal. Et combien qui n'ont pas la conviction contraire d'une manière bien forte, sinon ils ne seraient ni oisifs, ni indifférents en matière pacifique, ils ne se désintéresseraient pas, comme ils le font, du progrès dans les rapports des peuples.

Ils sont si ignorants de la condition de soldat, qu'ils croient qu'on a tout dit contre la guerre, alors que le plus grand des maux leur en est inconnu. Aussi, d'après eux, que demandent les peuples aux gouvernements? Le travail, la réduction des impôts, l'achèvement des chemins vicinaux, des chemins de fer, l'amélioration des ports de mer; mais la liberté pacifique, l'abolition de la guerre, le désarmement, l'arbitrage dans les conflits d'États, non, ils ne demandent aucun de ces progrès, aucune de ces réformes, aucun de ces bienfaits. Ceux qui sollicitent ces changements ne sont point connus des organes de l'opinion publique. La presse ignore qu'il y a des amis de la paix en Europe. L'éternité de la guerre n'est pas une question; l'instruction, très bien ; le commerce, encore mieux; mais l'entente civile des États, mais l'extension des idées de justice et de liberté aux relations internationales, mais la fin de l'asservissement au métier des armes, qui dans ce pays, je suppose, qui songe à ces chimères? Une association composée d'un millier d'adhérents, dont quelques-uns à peine ont un nom et par des travaux qui n'intéressent pas la question de la paix ! Ces progrès ne sont donc pas de ceux que les nations désirent, que les peuples appellent de leurs vœux, au nombre des *desiderata* dont on dévide chaque jour l'écheveau.

Les privilégiés ont cru que, parce que les nouveaux soldats ne se plaignaient pas à haute voix, ils ne se plaignaient pas du tout. Aucune des exécrations, dont le servage militaire est l'objet, n'est venue jusqu'à eux. Ils ne savent pas combien ce joug est impatiemment supporté, et voilà pourquoi ils ont pensé que notre silence équivalait à un acquiescement.

En ce qui les concerne, l'abrogation de la condition de soldat n'est pas une question pratique ni pressante. Ils attachent plutôt du prix à la longue durée du service militaire. Cependant pour des centaines de mille hommes qu'ils prétendent astreindre à des obligations forcées et onéreuses pendant plusieurs années, pour les peuples, dont ils ne veulent pas la libération définitive par l'établissement de l'ordre international ou la réforme des rapports d'États, la question est-elle secondaire? Les privilégiés de la paix perpétuelle, et particulièrement les ministres des affaires étrangères, plus aveugles parce qu'ils sont plus ambitieux, ne traitent jamais les problèmes, soit militaires, soit de politique générale, qui intéressent, plus que tous autres, les soldats, qu'à un point de vue technique ou purement personnel. Pour eux le soldat n'existe pas. Il n'a pas de volonté. Il ne forme aucun vœu. Il n'a point d'histoire. S'il s'agit de la durée du service militaire, les gouvernements ne consultent qu'eux-mêmes. S'il s'agit d'expéditions lointaines, ils y emploient les soldats, sans se préoccuper jamais de savoir s'ils n'étendent pas outre mesure les obligations imposées par les lois conscriptives, qui sont purement et simplement des lois de défense nationale. Qu'est-ce qu'un soldat? Un homme, une chose? Ils l'ignorent. Et c'est pour avoir eu ce mépris constant de l'opinion du peuple quand il fallait le faire ou combattre ou servir, qu'ils en sont arrivés à agir, avec la même désinvolture, envers la nation tout entière, sans prévoir que si les soldats illettrés et sans fortune n'avaient pu manifester autrement leur réprobation que par la désertion, c'est-à-dire par l'exil, les soldats plus éclairés de la bourgeoisie leur demanderaient compte eux-mêmes dans les réunions, dans les assemblées, dans la presse, et du rejet des propositions pacifiques, et de ne les avoir pas consultés dans l'acte le plus considérable, dans l'événement le plus important et le plus direct qui pût les toucher. Ceux qui, jusqu'à ce jour, jusqu'à l'application des lois de la conscription générale, ont perdu la liberté pacifique, n'ont laissé ni livres ni discours. Et cependant beaucoup eussent dit ce que nous exprimerons en leur nom et au nôtre, s'ils avaient été suffisamment instruits, s'ils avaient pu faire connaître leurs sentiments. Ils n'ont eu d'autre alternative que de quitter le sol natal ou de se réfugier dans l'Église. Mais parmi toutes les réprobations passées contre l'absolutisme, contre le bon plaisir des nations les unes envers les autres, celle de l'exil par les soldats du peuple est la plus sensible. Protestation muette et éloquente de milliers d'hommes simples et bons que furent les victimes infortunées du fléau de la guerre!

Les maux les plus durs de l'existence de la guerre ne sont pas les maux d'État, je veux dire les conquêtes ou les rançons, et les privilégiés de la paix perpétuelle, qui n'ont jamais payé de leur personne, n'ont guère subi que ceux-là, épreuve bien insuffisante, toute l'histoire l'affirme, pour les corriger, les rendre justes, sociables, pour tout dire pacifiques. Il n'y a pas d'hommes plus susceptibles dans les différends internationaux, plus vains, plus aventureux, qui aient moins l'esprit social par excellence, qui est l'esprit d'union, l'esprit de justice surtout. La division, l'arbitraire et la licence dans les rapports d'États leur plaisent infiniment. Toujours prompts à faire battre les armées, ils s'enorgueillissent des victoires encore plus que ceux-là mêmes qui les ont remportées, et à les entendre, il semble que ce soient eux qui aient combattu, reçu les balles et les obus. Comment être surpris que l'ordre ne règne point en Europe, et que l'on n'ait pas songé à l'établir, tant que le désordre avait pour auteurs ceux qui n'en étaient pas les victimes? Les privilégiés, ardents amis de la paix à l'intérieur, en sont les pires ennemis au dehors; ils ne veulent pas refréner les passions mauvaises de l'homme qui là se donnent ample carrière; le vol, le meurtre, les convoitises, les bouleversements incessants, les annexions sans le consentement préalable des habitants, ils maintiennent toutes ces choses contraires à l'ordre social, à la morale, à la volonté de Dieu, et ils décorent cette extrême licence des noms de patriotisme, d'indépendance, de salut national! A tout prix ils cherchent à se faire illusion, à s'abuser, à tromper leur conscience, à refouler la voix du bien qui malgré eux les trouble et les fait parfois tressaillir. Il est impossible, disent-ils, qu'il en soit autrement; que nos voisins nous donnent l'exemple; la nature nous a tracé ces limites; il n'est pas d'argument si dérisoire, d'objection si puérile, d'invention si manifeste, qu'ils n'emploient pour se défendre et se justifier. Si, jusqu'à ce jour, ces réponses ont paru suffisantes et ont été accueillies par la grande majorité, c'est que cette grande majorité se composait pour ainsi dire de complices et par conséquent de complaisants. Mais nous espérons qu'à l'avenir elles feront mal augurer du génie de ceux qui les adresseront à des Assemblées composées de soldats en habit noir, convaincus que toute entreprise sociale, comme celle par exemple de l'établissement de la paix définitive en Europe et de leur propre émancipation, n'est pas impossible aux hommes qui détiennent le pouvoir et qui voudraient loyalement et résolument l'accomplir.

Les ministres se meuvent plus à l'aise dans les affaires internationales que dans les affaires intérieures. Là leur pouvoir est limité, ils sont soumis au contrôle attentif des Parlements et de l'opinion publique. En matière internationale les Assemblées délibérantes, n'ayant pas eu encore la résolution ni peut-être l'intelligence nécessaires pour, sinon gouverner, du moins diriger, ils agissent selon leur bon plaisir, et c'est pourquoi ils sont *a priori* hostiles à tout projet de désarmement. Leur autorité en serait amoindrie. L'opinion des privilégiés qui gouvernent est donc entachée d'un intérêt personnel. Cet intérêt les aveugle et les rend absolument impropres à cette œuvre de civilisation générale, l'abolition de la guerre. C'est peine perdue que de s'adresser à eux. Ils considèrent une proposition pacifique comme une atteinte à leur propre pouvoir. Aussi, quel que soit le personnage qui la leur communique, n'y répondent-ils que par des banalités sans importance, et parfois n'y répondent-ils même pas. La cause de la paix définitive ne peut pas compter, je crois, sur des hommes qui d'abord sont des privilégiés et dont ensuite les prérogatives seraient diminuées par l'établissement d'institutions pacifiques. C'est là le motif particulier de leur opposition au désarmement. L'un d'eux, qui était en même temps le moins scrupuleux des hommes d'État envers les peuples sans marine ni armée puissantes a demandé la question préalable à une proposition pacifique. Celui-ci a répondu qu'il était absorbé par les travaux pratiques et pressants du moment. Cet autre enfin, plus excusable du reste, a gardé le silence; il n'a point voulu s'expliquer. En présence de tels faits, faut-il s'étonner s'il y a bientôt en Europe autant de soldats que d'habitants !

C'est l'idéal militaire et les privilégiés n'en servent pas d'autre, mais les peuples, éclairés par l'expérience des maux de la guerre, ne partagent pas l'engouement de leurs ministres et de leurs représentants qui, en réalité, édifient seuls, inspirés par les hommes spéciaux, et ayant pour instruments, non pour co-législateurs, les peuples.

Une grave erreur des privilégiés est de croire que dans leur œuvre militaire, exclusivement militaire, ils ont avec eux la nation, c'est-à-dire la société civile. C'est leur illusion. Pensent-ils qu'elle durera toujours? Ne sachant ce qu'ils ont fait, ils sont dans une confiance qui sera cruellement déçue.

Les gouvernements contemporains spéculent sur la patience des armées. Ils les ont toujours trouvées si dociles, si malléables, si dévouées! Ils sont convaincus que cela ne changera pas. En quoi ils se trompent. Car eux-mêmes ont introduit dans les armées des éléments de dissolution qui sont l'instruction, la fortune, l'influence. Quand on possède ces choses, on se soucie peu de sacrifier son existence aux plans d'un ministre ou aux passions nationales, surtout si aux périls auxquels on est exposé il n'y a aucune compensation. Or, je le demande, que peut rapporter la guerre à un soldat? Pas autre chose que l'abandon de sa profession civile pendant toute la durée des hostilités, des pertes personnelles considérables, des fatigues et des privations de toute nature. Les privilégiés ne peuvent pas dire qu'ici nous sommes des rêveurs, des esprits chimériques, n'ayant point la notion des choses pratiques; mais eux, à leur tour, nous paraissent fortement enclins à l'idéalisme s'ils pensent que, dans ces conditions, la formidable machine militaire qu'ils ont fabriquée de leurs mains, ne se disloquera pas, à un moment donné, jusqu'à se briser. Que résultera-t-il de cet effondrement? Ah! rien de bon pour la société, ni pour l'ordre, ni pour la prospérité publique.....

Si l'on est sensé, si l'on est conscient du développement militaire contemporain, de l'accroissement prodigieux des armées et surtout de la présence dans ces armées des soldats éclairés de la bourgeoisie, on reconnaîtra sans peine qu'il n'y a plus de place pour les guerres d'ambition, et on ne s'en tiendra même pas à cette conséquence, on ira plus loin : on sera persuadé, comme nous le sommes, que, dans l'intérêt collectif des peuples, dans l'intérêt de la civilisation, il est nécessaire et encore temps de s'arrêter dans cette voie, d'infléchir la politique extérieure à d'autres fins que la conquête, de lui imprimer une direction nettement pacifique, vigoureusement opposée à l'armement continu, à la durée indéfinie du naturalisme international, pour tout dire, à la perpétuité de la guerre en Europe.

## V

Les Assemblées n'ont pas su recueillir des luttes malheureuses d'autres enseignements que ceux qu'elles inspirent aux chefs militaires éloignés par profession, par esprit de métier, de jeter jamais un coup d'œil sur l'imperfection des rapports d'États, et incapables de songer à les améliorer. Et en cela les Parlements de tous les pays se sont ressemblés. Augmenter les cadres ; doubler, tripler, décupler le nombre des soldats ; accroître en proportion les dépenses militaires : tels sont les actes que leur ont dictés tour à tour les défaites, les envahissements et les annexions. La pensée même de s'appliquer au progrès pacifique, à l'amélioration solide et durable des rapports d'États, leur est haïssable ; et c'est ainsi que, persistant toujours davantage dans leur funeste aveuglement, dans l'étroitesse de leurs vues et l'inhumanité de leur politique, ils sont parvenus à armer la nation tout entière, système que le plus court examen de la raison fait juger exorbitant et éphémère. Des désastres militaires les Parlements n'ont pas retiré de grandes leçons, des enseignements utiles au bien commun des peuples. L'intérêt de la civilisation générale est la dernière de leurs préoccupaitons ; ils ne veulent pas y réfléchir ; ils ne veulent point adopter les principes qui commandent, dans les temps si troublés que traversent les rapports des peuples, une politique vraiment pacifique, humaine et civilisée.

La multiplication des effectifs, le recrutement presque illimité, la formation d'armées composées d'un million d'hommes, on comprend, à la rigueur, que les états-majors, dans le but de prévenir de futures capitulations et de nouvelles déroutes, jugent ces efforts nécessaires après que leur pays a été vaincu et contraint de signer un traité onéreux. Mais les Parlements et les ministres pensent-ils que les conséquences du naturalisme international doivent consister à perpétuité à accroître les charges de la guerre ? Ne seront-ils point convaincus un jour que l'absence de relations policées entre les peuples exige des réformes générales, des changements d'un autre genre que ceux qu'ils nous imposent ? Ne se persuaderont-ils pas enfin qu'ils font fausse route, qu'ils tournent le dos au progrès, qu'ils marchent constamment en arrière ? Mépriser les avertissements pacifiques, rejeter les propositions de désarmement, discréditer les tentatives en faveur de la paix, n'est-ce pas déclarer, en définitive, que l'Europe est condamnée à subir indéfiniment le régime des invasions, des démembrements et des rançons? N'est-ce pas assumer la responsabilité de tels malheurs devant tous ceux qui, dévoués aux principes de la pacification, veulent qu'on y mette un terme ?

Lorsque les Parlements ont voté le service militaire universel, ils ne se sont point demandé quelle était la cause première de cette nécessité, et pourquoi ils étaient contraints d'imposer à tous la condition de soldat, l'obligation de servir et l'impôt du sang. Cependant s'il était un fait propre à fixer leur attention sur le féodalisme international, n'était-ce pas celui-là ? Mais non, ils acceptent *a priori* cette situation comme indiscutable et perpétuelle, et, parce que, dans cette situation, admise d'avance comme irréformable et éternelle, ils se sont trouvés un jour et successivement les plus faibles, ils ont imaginé ce que j'appellerai le radicalisme militaire, complément logique et fatal, mais désastreux, de l'état de nature en matière internationale.

Les privilégiés sont incapables d'établir cette relation entre l'imperfection profonde des rapports publics et le développement excessif de l'organisation militaire. Un député anglais connu, qui a dirigé quelque temps la politique extérieure de son pays, attribue les excès de l'armement contemporain à une annexion récente, comme si, dans l'État vainqueur, l'armement n'avait pas déjà atteint, avant cette même annexion, des proportions colossales. Il résulterait de son opinion que du droit de conquête dérivent les exagérations déplorables auxquelles nous assistons dans l'ordre militaire. Mais, antérieurement au droit de conquête, est-ce que le droit de guerre n'existe pas? Et n'est-ce point dans la jouissance et l'exercice trop prolongés de ce droit par les États qu'il faut chercher la cause véritable, primordiale, essentielle, du système insensé de la nation armée qui prévaut aujourd'hui? Le droit de conquête n'est qu'accessoire au droit de guerre. C'est le droit de guerre qu'il faut connaître, signaler, et qu'il faut abolir, si l'on veut mettre un terme aux folies de l'armement. Le droit de conquête n'est pas écrit dans les constitutions nationales, mais celui de recourir à la force y est contenu en toutes lettres.

Ce qui frappe toujours les privilégiés en matière internationale, ce sont les faits; quant aux lois et aux institutions d'où naissent ces faits, ils ne les connaissent pour ainsi dire pas. Un démembrement est un acte sur lequel ils écriront des volumes; mais de l'absence de relations policées entre les États, du féodalisme international, enfin du droit positif et constitutionnel de guerre, source de tous les maux qu'ils déplorent, ah! ils n'en parlent jamais. Ils oublient purement et simplement les premiers principes de leur propre politique, le système originel et hors duquel ils ne comprennent pas les rapports des peuples, les lois violentes qu'ils ont établies et qu'ils maintiennent les uns contre les autres. Quoi d'étonnant, dans ces conditions, que le progrès de la civilisation générale non seulement déconcerte leur esprit mais encore les effraye? Pour eux, c'est l'inconnu, tout comme ils ignorent les ressorts légaux, constitutionnels et permanents de la situation actuelle.

Il leur en coûte de demander ou de voter sans cesse de nouveaux crédits pour le département de la guerre, ce fameux département qui supplante tous les autres ; mais le droit de guerre, c'est sacré ; le recours à la force, c'est une prérogative immuable !

Les armées des grandes puissances, composées à l'origine du recrutement de quelques milliers d'hommes, de nos jours se confondent avec la nation elle-même. De ce changement extraordinaire les privilégiés n'ont prévu aucune des conséquences que nous faisons connaître dans cet écrit. La suppression intégrale des privilèges pacifiques, la perte universelle de la plus précieuse des libertés, celle de vivre ; la confusion apportée dans les services publics, la déchéance des professions libérales, les privilèges militaires accrus sans relâche alors qu'ils ne se justifient plus ; enfin la société civile profondément troublée par une subordination intolérable à une seule classe et des études étrangères à sa fin propre : aucun de ces faits n'est venu à l'esprit des législateurs ultrà militaires de ce siècle, aucun de ces résultats déplorables ne s'est présenté à leur raison. Et, circonstance non moins digne de remarque, ils n'ont rien changé à la condition de soldat quand ils ont assujetti à cette condition, non seulement les plus illettrés et les plus pauvres, mais tout ce que la nation compte de riche, d'éclairé, d'influent, les chefs mêmes de la société civile. Telle a été leur ignorance sur l'asservissement au métier des armes, que d'ailleurs ils n'ont jamais connu personnellement, et qui est aggravé de ce fait qu'il se produit en un temps où la civilisation est plus avancée, l'instruction plus répandue, l'esprit public plus apte à comprendre la nécessité et la grandeur du progrès pacifique, en un temps où les idées d'arbitrage et de paix pénètrent chaque jour davantage dans la raison et la conscience des peuples. Ils peuvent, à bon droit, regretter de n'avoir point suivi ceux d'entre eux qui, avec beaucoup de clairvoyance et une grande sagesse, leur ont présenté, en faveur du désarmement, malgré leur parti pris et leur indifférence, des propositions formelles qu'ils ont rejetées, et que, tôt ou tard, les peuples nous donneront mandat de représenter et d'adopter jusqu'à leur parfait accomplissement en Europe.

La presse ne défend pas la cause pacifique; il y a fort peu de journaux acquis à ce progrès. Et on s'étonne qu'il ne se réalise point: on considère comme un argument sans réplique ce fait que la paix définitive n'est pas encore établie; comme si la réforme internationale devait se faire d'elle-même, sans l'action des forces populaires ou les lumières des classes éclairées ! C'est ainsi que l'on oublie toujours, quand il s'agit de la paix, les conditions élémentaires qu'exige à des fins utiles une innovation quelconque, et que les axiomes spécultatifs les plus simples et les plus incontestés cessent d'être applicables, parce qu'il est question de l'accord juridique et légal des peuples. Mais cette grande amélioration demande, comme toute autre, le concours de tous les éléments qui coopèrent à la vie d'un peuple et à la marche de la civilisation. Si donc une puissance telle que la presse ne combat pas la perpétuité de l'existence de la guerre en Europe, et c'est là un fait indiscutable, comment se pourrait-il que les idées pacifiques, bien qu'ayant déjà gagné beaucoup de cœurs et soutenues par un parti nombreux, fassent des progrès rapides et décisifs?

Eh bien, la plupart des journaux, loin d'encourager et de défendre les idées civilisatrices d'arbitrage et de paix, eux aussi les considèrent comme vouées à un échec éternel, à une impopularité irrémédiable, à une opposition invincible. Ils propagent cette erreur que la paix définitive est une utopie. Dans leur opinion, le mouvement pacifique n'a pas d'importance. Il n'est pas nécessaire de reproduire, de publier, et encore moins de commenter les faits relatifs au désarmement. La presse imite les assemblées; *a priori*, elle rejette toute initiative individuelle en matière de paix générale. Mais au moins les députés sont-ils contraints d'entendre les propositions qui leur sont soumises, et, à la rigueur, on ne demanderait aux journaux que ce service: apprendre au public les idées, les principes, les arguments des députés pacifiques. Ils refusent de faire cet effort en faveur de la civilisation. Ils raillent avec un parti pris systématique tout ce qui touche à une réforme sensible et durable des rapports d'États. Aussi dépourvus de sens qu'ils se croient pleins de sagesse, ils élèvent entre les peuples la barrière de leur profonde ignorance et de leurs préjugés invétérés.

Ce qui confond, c'est la naïveté avec laquelle ils accumulent les vains arguments, les futiles objections contre le progrès international. Celui-ci assure que l'entente juridique et légale des États, c'est l'âge d'or; cet autre affirme que les amis de la paix veulent le désarmement de leur pays, avant l'accord général pour la pacification ! Il y en a qui se prétendent de bons et sincères partisans de la paix, mais qu'il faut attendre et se croiser les bras. Le plus grand nombre regarde l'abolition de la guerre comme un progrès que l'on ne peut accueillir que par le scepticisme et l'ironie. Enfin, plusieurs se prononcent catégoriquement contre la paix. Il faut une guerre. Il faut, avant le désarmement, une guerre où deux cent mille soldats périssent. C'est le parti des cartouches. Ceux-là jonglent avec la vie des hommes. Les compagnies, les bataillons, les régiments leur appartiennent corps et âme. On n'a pas encore versé assez de sang sur les champs de bataille !

De tous les congrès internationaux, si nombreux aujourd'hui, les plus remarquables sont sans contredit les réunions pacifiques, et cependant celles dont les journaux donnent les comptes-rendus les plus brefs, et que quelquefois ils ne mentionnent même pas. Mais s'il s'agit d'hygiène ou d'électricité, d'archéologie ou d'autre chose, ils jugent nécessaire d'envoyer des correspondants et de ne rien laisser ignorer à leurs lecteurs de ce qui s'est dit ou de ce qui s'est fait. Ce même mouvement international auquel, et avec raison, ils donnent une large publicité, devrait cependant les avertir que le rapprochement véritable des peuples comporte d'autres faits, encore plus précis et plus significatifs, contenus dans l'établissement de lois collectives et d'institutions communes. Tout en étant favorables au mouvement international, ils lui sont contraires d'autre part et là précisément où il a le plus de valeur.

Une manifestation en faveur de la pacification européenne, même dans la capitale d'un grand État, même dirigée par un député connu et à laquelle plusieurs associations ont pris part, c'est « une petite nouvelle. » Quoi de plus négligeable et de plus contingent? L'opinion publique a-t-elle quelque chose à voir dans la politique générale? Les peuples doivent-ils sortir de leur torpeur et de leur longue inaction contre le fléau de la guerre? Efforts déplacés, tentatives impuissantes, initiative par trop audacieuse, qui mérite peut-être l'annonce d'une mention fugitive, mais dont on ne saurait se préoccuper davantage! Que si ce ministre de l'arbitraire et de la violence en Europe veut bien exposer pour la centième fois sa manière à lui de comprendre les relations des peuples, ah! quel autre empressement! Quelle émotion! Quelle universelle et bruyante publicité! Comment passer sous silence un tel discours, où la force est exaltée, où le radicalisme militaire est porté aux nues, où la justice en matière internationale est renvoyée aux calendes grecques? Laissons MM. Bonghi et Frédéric Passy, je suppose, parler dans le désert; mais si le féodalisme formule ses théories et son programme, instruisons-en l'univers, que la bonne parole soit répandue partout, que partout on lise et on retienne la satire de la paix et l'apologie de la guerre!

Tel est l'accueil différent que la presse contemporaine réserve aux manifestations concernant la politique générale, suivant que ces manifestations sont officielles ou qu'elles émanent du parti pacifique.

Toutes les entreprises du militarisme lui paraissent absolument acceptables, mais nos actes elle les déclare sans restriction inopportuns et inutiles, sinon blâmables et dangereux. Dans l'appréciation de nos efforts, dans ses jugements sur les concessions incessantes faites par les gouvernements au militarisme, la presse se trompe pareillement. Dans les deux cas, elle exagère. Il est nécessaire sans doute, inévitable même, et incontestablement patriotique d'armer, tant que la solution des difficultés internationales dépend de la force, tant que les rapports d'États ne sont point définis; mais il est tout aussi certain qu'il y a une limite à l'armement, que cette limite ne peut être franchie sans un immense péril pour la société civile, et que le courant militaire où sont engagés ministres et parlements est tel qu'il menace l'Europe d'un bouleversement social profond et peut-être irréparable. Dès lors il devient urgent de travailler à l'établissement de la paix autant qu'à la préparation de la guerre. Les privilégiés n'ont en vue que ce dernier résultat. Ils encouragent tout ce qui a trait à l'accroissement des effectifs, à l'augmentation des emplois et des traitements militaires, à la construction et à la multiplication des ouvrages de défense, au raffermissement du prestige et de la suprématie de la force; mais ils tarissent dans sa source la propagande pacifique en déclarant bien haut, et en affirmant avec toute la publicité dont ils disposent, que l'accord des peuples est impossible; ils paralysent nos efforts en les laissant le plus souvent ignorés ; bref, ils prêtent tout leur appui à la guerre et refusent toute aide à la paix.

Qu'a fait l'Église pour prévenir la promulgation des lois de la conscription générale? En d'autres termes, comment, par quels actes, par quels écrits, par quelle prédication orale ou non, a-t-elle aidé à l'amélioration solide et durable des rapports d'États? Ce n'est en effet qu'en servant la cause de la paix définitive et de l'abolition de la guerre en Europe, que l'Église eût agi contre l'asservissement au métier des armes. De quel fait l'extension à tous des charges et des obligations militaires dérive-t-elle? Incontestablement de l'absence d'institutions communes et de lois collectives, assurant aux peuples les bienfaits de la justice et de l'ordre. Or, je le demande, le féodalisme international a-t-il, en aucun temps, provoqué l'opposition avérée, publique, éclatante et universelle de l'Église? Non. Il paraît même superflu de poser la question, car il ne peut y avoir aucun doute sur la réponse. La durée indéfinie de la guerre est combattue, il est vrai, depuis le commencement du siècle; mais par qui? Par un parti dans lequel le clergé ne compte que quelques représentants à peine, et certes ces représentants n'ont jamais été ni les plus actifs ni les plus ardents. On a créé des associations pacifiques; on a tenu des réunions générales en faveur de la pacification; on a soumis aux Assemblées des propositions d'arbitrage. L'Église est restée étrangère à ce mouvement. Elle n'a pas répondu à l'appel des amis de la paix. Jamais elle n'a élevé la voix dans aucun Parlement pour demander l'accord légal et définitif des peuples. Et aujourd'hui encore, bien que déjà opprimée par la guerre, elle conserve la même attitude, elle persiste dans la même inertie.

On a proposé au congrès catholique de Madrid de faire du pape un médiateur de la paix en Europe, c'est-à-dire le représentant unique et officiel de la justice internationale. Beau rôle, en vérité, haute et superbe mission, mais que le Chef de l'Église n'a rien fait pour acquérir ni pour mériter. En effet, je cherche en vain dans l'histoire l'action de la papauté en faveur de la civilisation européenne; je ne la découvre pas. Et pour une raison bien simple, c'est qu'elle n'existe point. Il n'y a pas trace dans les annales catholiques d'une initiative pacifique, large, ferme et convaincue, émanant du Vatican. La réforme solide et durable des rapports d'États n'a jamais trouvé un promoteur dans aucun souverain pontife, ni en ce siècle, ni dans le passé. Que l'on me montre une résolution d'un concile œcuménique quelconque condamnant le fléau de la guerre? Que l'on mette sous mes yeux une circulaire de Léon XIII ou de tout autre de ses prédécesseurs, rédigée en vue d'une association juridique des peuples et concluant au désarmement?

L'Église soutient la cause de la paix dans une seule circonstance, lorsqu'il s'agit d'exonérer ses membres du service militaire. Alors elle estime que l'assujettissement au métier des armes est par trop dur, qu'il est incompatible avec le ministère du culte, qu'il contrarie la mission évangélique du prêtre. Cette seule exception admise, les lois conscriptives ne choquent pas la conscience et la raison du clergé. Que lui importe que, dans la guerre future, deux millions d'hommes entrent en ligne et se fusillent à bout portant? Lui jouira de la paix. Donc, qu'on laisse les artisans du militarisme s'emparer de la vie des peuples et armer les nations pour les combats sans pareils de l'avenir! L'Église est prête, non pas à y prendre part elle-même, mais à y assister en spectatrice impassible. L'œuvre formidable de la guerre à l'époque contemporaine ne l'émeut pas plus que sous la Restauration ou que du temps des arbalètes. Cependant le principe du service militaire universel a été promulgué. L'obligation de servir, hier encore, imposée au peuple seulement, atteint enfin la bourgeoisie. Le clergé espère-t-il s'y soustraire indéfiniment? Non; à son tour, il deviendra un rouage, comme un autre, de l'organisation militaire; à son tour, il sera asservi. Et tel est peut-être le fait nécessaire pour convertir l'Église à la réforme pacifique. Tant qu'elle jouira du privilège de la paix perpétuelle, je crains bien qu'elle ne demeure ce qu'elle est : indifférente ou hostile à l'œuvre de la civilisation générale en Europe.

Ce qu'il y a de plus étonnant, c'est que l'Église est convaincue qu'elle exerce une mission pacificatrice. Un évêque a affirmé ce fait à une réunion récente en Allemagne. Je ne sais pas de quels arguments il s'est servi pour démontrer d'une façon péremptoire qu'il disait vrai; je ne sais pas non plus exactement de quelle pacification il voulait parler. Mais assurément, on peut le présumer en toute certitude, il ne s'agissait point ici de la pacification européenne, je veux dire du progrès international et de l'accord social des États. Car, presqu'au moment même où il parlait, on apprenait un fait étrange et bien nouveau, l'affectation de la cathédrale de Metz à un service militaire ! Oui, il ne suffit plus à la guerre de s'emparer des choses profanes, il lui faut maintenant les édifices sacrés. Vraiment, si l'Église avait une influence sérieuse et positive sur la marche des événements dans un sens pacifique, on n'en serait pas là de constater que les clochers de ses cathédrales sont utilisés à une action militaire. Les empiétements de la guerre à notre époque sont notoires, évidents, incontestables. Mais le fait que je viens de signaler ne permet plus aucun doute à cet égard. Les plus aveugles devraient enfin y voir clair, et surtout l'Église plus directement en cause dans cette circonstance. Seulement l'Église ne rompra pas le silence qu'elle paraît s'être imposé, comme une loi inéluctable, du moment qu'il s'agit de combattre le militarisme. Il est à peu près certain qu'elle subira, sans protester, l'occupation militaire de la cathédrale de Metz !

En résumé, il y a deux choses que le clergé n'admet pas : l'établissement de la paix définitive en Europe et pour les prêtres la défense du drapeau. Sauf cela, il est pacifique et patriote.

Ainsi que la religion et la presse, l'université a sa part de responsabilité dans l'existence du fléau de la guerre. Cette responsabilité résulte de l'insuffisance des écrits et de l'enseignement sur le droit des gens. Fait singulier, ce n'est pas dans les ouvrages qui traitent spécialement des rapports d'États, que l'on trouve les meilleurs principes qui leur sont applicables. Ces principes, ce sont les amis de la paix qui les ont formulés. On les chercherait vainement dans les traités si nombreux qui ont été publiés sur le droit international. Les auteurs de ces traités, un certain nombre du moins, présentent, eux aussi, la situation générale sous un jour qui n'est pas le vrai. Ils répètent à satiété que les États sont indépendants. Sans doute; mais ils oublient d'ajouter, omission trop forte, que c'est une indépendance intégrale, absolue, et qu'il n'y a pas lieu, comme ils le font, d'en louer les peuples. Ils ont tort de présenter cette souveraineté comme une sauvegarde intangible, et surtout d'en faire dépendre le sort, l'existence même des États. Diraient-ils des particuliers, si ceux-ci renonçaient aux tribunaux et substituaient à la justice le règne de la force, que chacun d'eux est indépendant? Ils font un mérite aux États de cette extrême licence. Je refuse de croire à l'indépendance des nations européennes. Comment pourraient-elles jouir de ce bienfait, n'ayant ni lois collectives, ni tribunaux communs? Les États sont dépendants, si dépendants qu'ils ne savent pas quelle est l'étendue de territoire européen qui leur appartient et qui ne leur sera jamais contestée. Ils ne connaissent point leurs limites! Dire élogieusement des nations qu'elles sont des communautés indépendantes, n'est-ce pas affirmer que la liberté individuelle n'existe plus dans la société organisée civilement, nier le bienfait des lois, attaquer des principes nécessaires, faire, somme toute, le panégyrique de l'anarchie et de la dissolution sociale? Les États ne seront véritablement indépendants que lorsqu'ils auront conclu une entente juridique et légale, c'est-à-dire que l'Europe jouira de la paix définitive, de ses lois et de ses institutions.

Les auteurs du droit des gens sont-ils fondés à se déclarer satisfaits après qu'ils ont longuement disserté sur les droits des neutres, le code des prises, le sort des prisonniers, le libre parcours des mers, et à croire que ces faibles atténuations des maux de la guerre sont les véritables progrès qui doivent être accomplis dans les relations internationales ? Ne sentent-ils point pour ainsi dire le terrain manquer sous leur pas, que ce qui a été fait n'est rien à côté de ce qui reste à faire, que les vrais penseurs, comme aussi les ministres et les diplomates, dignes de ce nom, ont d'autres efforts à tenter pour le rapprochement des peuples que ceux auxquels ils s'appliquent ? Il est regrettable que, dans un grand nombre d'ouvrages sur le droit public, celui qui les lit n'éprouve point cette impression de vague et de fuyant qui se trouve dans la situation réelle des États désunis et sans aucun lien juridique et légal entre eux. Pour être net et révéler cette situation en quelques mots, tout traité relatif au droit des gens ou au droit international, selon l'école, devrait plutôt prendre ce titre : Des rapports des peuples dans l'état de guerre.

On a attaché beaucoup de prix à l'abolition de la course, du blocus fictif et de l'emploi des projectiles explosibles. Mais nous qui sommes soldats, nous qui sommes les serfs et les victimes du fléau de la guerre, nous dont la profession civile est entravée et n'a plus la place qui lui appartient dans l'État, nous qui avons vu les prisons et les cellules, nous enfin à qui ont été appliquées les lois de la conscription générale et qui avons perdu la liberté, pouvons-nous nous contenter de ces médiocres avantages, de ces insignifiants triomphes de la civilisation? Pouvons-nous croire qu'il n'y a plus aucune réforme à accomplir dans les relations internationales, parce que les rigueurs de la guerre ont été si légèrement atténuées, parce que les lettres de marque ont été abolies, et que les marchandises neutres sous pavillon ennemi sont insaisissables? Non, vraiment, il ne s'agit plus de savoir si la poix et le coton sont ou ne sont pas de la contrebande de guerre. Il importe aussi peu de décider à qui doit appartenir l'exercice du droit de guerre, si c'est à la représentation nationale, au souverain, ou à la nation. Il y a un problème plus grave à résoudre. Il concerne la jouissance même d'un tel droit par l'État. Étant donné l'organisation militaire contemporaine, si développée, si dispendieuse, si écrasante, ne faut-il point que, d'un commun accord, les gouvernements en Europe renoncent au pouvoir constitutionnel de se déclarer respectivement la guerre? Il n'y a qu'une seule alliance sérieuse, honnête et désirable, c'est l'alliance générale des nations européennes. Le droit international, le vrai, n'en reconnaît pas d'autre.

Mais si, dans les études relatives à ce droit, l'on trouve l'ignorance du mouvement pacifique, l'acceptation théorique et raisonnée du féodalisme des rapports d'États, la négation de la justice internationale, la croyance en la perpétuité de la guerre, comment l'enseignement donné dans les Facultés, dans ce pays ou ailleurs, ne serait-il pas funeste à la cause que nous défendons, aux idées de rapprochement et d'accord définitif des peuples? Il ne peut en être autrement. Et en effet, quand on quitte l'université, que sait-on des principes pacifiques, des questions qu'ils soulèvent, des progrès qu'ils contiennent? Rien ou à peu près. Et on n'a même pas la notion exacte de ce qui est, du naturalisme international, des errements séculaires de la politique générale, de l'imperfection profonde des rapports d'États. On n'a appris aucune de ces choses, aucun de ces importants problèmes ou de ces faits déplorables. Les idées que l'on possède sur les relations des peuples sont des idées alphabétiques, élémentaires, sans portée, complètement insuffisantes, parceque l'instruction reçue a été elle-même tout cela. De sorte que la question de la paix qui, on le sait, préoccupe fort peu les gouvernements, n'est seulement pas posée dans l'école. Je crains bien qu'elle n'éclate là où elle devrait être discutée en dernier lieu, dans les casernes [1].

---

[1] Il va de soi que, dans le § V du chapitre III, on ne parle que de la presse, de l'église et de l'université anciennes, de celles qui n'étaient composées presque exclusivement que de privilégiés, car aujourd'hui il y a dans ces trois grandes classes de la société civile autant de soldats que partout ailleurs, et en conséquence autant de partisans, nous le croyons du moins, nés et dévoués de l'établissement de la paix définitive en Europe.

## VI

La guerre résulte d'une fausse conception des rapports d'États par ceux qui les dirigent, de leurs principes et de leurs actes absurdes dans la politique générale, en un mot d'une théorie absolument erronée et désastreuse en ce qui concerne la direction à imprimer aux relations des peuples. Ce système, qui a sa doctrine, son esprit, ses chefs, tantôt très lourd pour tel ou tel État, tantôt au contraire supportable et profitable à celui-ci au détriment des autres, s'est contenté jusqu'à la fin du XIXe siècle de faire peser sur le peuple exclusivement les charges personnelles de la guerre, ou sur la partie de la nation la plus dépourvue de savoir et partant d'influence. Ce système, qui accorde beaucoup à ceux qui le servent volontairement, je veux dire aux chefs militaires, qui n'impose aux privilégiés de la paix perpétuelle que de légers accroissements d'impôts, parfois l'amoindrissement des libertés publiques, qui a aussi pour résultats des invasions et des démembrements, mais à de longs intervalles et compensés du reste par des retours de fortune, par des victoires et des conquêtes, n'a pas encore soulevé les nations parce qu'il était en somme tolérable et que les maux qu'il entraînait n'étaient ni assez longs, ni assez continus, ni suffisamment directs et généralisés, pour exciter une opposition aiguë et universelle. Il fallait qu'il fût plus exigeant, plus avide, qu'il demandât à l'élite même de la société civile des sacrifices sensibles tels que ceux de la liberté, des intérêts professionnels, des aptitudes et des goûts naturels, du rang et de la dignité ; qu'il mît en péril la religion, le génie civil, la grandeur morale et intellectuelle des peuples, afin de contribuer lui-même, plus que tous les efforts tentés dans ce but, à sa propre suppression. Voilà ce qui était nécessaire, et ce qui est en partie réalisé, pour que bientôt d'autres principes prévalent, et qu'aux jeux sanglants de la force et du hasard succèdent les arrêts de la justice, l'ordre social et la paix publique européenne.

Les tempéraments successifs apportés aux maux de la guerre ont rendu possible dans le passé le féodalisme international. On ne supporterait pas aujourd'hui, je suppose, le recours aux armes dans les différends d'États, si le vaincu devait devenir l'esclave du vainqueur. A l'origine, la victoire a eu cette terrible conséquence. Plus tard, cette coutume barbare a disparu ; le servage, au lieu de l'esclavage, a frappé les combattants malheureux. Enfin, l'organisation militaire elle-même se modifiant par le progrès des mœurs, il n'a plus suffi, pour composer les armées, des vocations au métier des armes et des tempéraments belliqueux. La conscription y a suppléé. C'était un nouveau fléau engendré par l'imperfection des rapports d'États, mais qui, contenu jusqu'à notre époque dans des limites très étroites, ne pouvait pas et n'a pas, je le répète, soulevé les nations contre la durée indéfinie de la guerre.

J'ai dit qu'une cause véritable du militarisme international, c'était l'inertie en matière pacifique. Mais quelles sont les origines de cette inaction ? Le privilège de la paix perpétuelle, le défaut d'intérêt personnel et individuel, bien plus que l'absence d'une raison supérieure ou de dévouement au bien public. On connaît, sous l'ancien régime, les tempéraments à l'état de guerre européen : le goût de la noblesse pour le métier des armes, la faiblesse numérique des armées, l'achat et le louage des bras étrangers ; sous le nouveau régime : le remplacement, l'exonération, les exemptions conférées par les carrières libérales, le ministère du culte, le service de l'enseignement public, et enfin les faveurs du hasard, les bons numéros.

Je ne parle pas des moyens contraires à la loi par lesquels ceux, que la loi ne privilégiait point, cherchaient aussi à sauvegarder leurs jours et leur liberté : la désertion, la fuite ou plutôt l'exil, parfois même la mutilation volontaire.

Assurément, c'est dans la jouissance des privilèges pacifiques que l'on trouve la principale atténuation aux charges de la guerre, dans les multiples dispenses contenues dans les anciennes lois de la conscription, que ne subissaient ni la bourgeoisie, ni l'église, ni l'université. Les rapports d'États n'ont pas été sérieusement améliorés depuis un ou deux siècles, bien que toutes les nations européennes soient parvenues à un certain degré de civilisation, parce qu'il y a eu à la situation déplorable qui dure encore des adoucissements très grands. Eh bien, aujourd'hui ces palliatifs, et le plus considérable de tous, celui qui consistait à ne pas servir, à ne point payer l'impôt du sang, ont disparu ou à peu près. Ils doivent disparaître complètement. On a commencé par les priviléges pacifiques. Par une conséquence toute logique et inévitable, les priviléges militaires suivront. Et quand ce double fait sera définitivement accompli, on poura sans témérité préjuger la fin prochaine de la guerre en Europe.

« L'expérience générale a démontré que les hommes sont disposés à souffrir les maux tant qu'ils sont supportables, plutôt que de se faire justice eux-mêmes en abolissant les formes (de gouvernement) auxquelles ils sont accoutumés (1). » Ainsi du naturalisme international. Si une entente positive et formelle n'est pas encore intervenue entre les États, c'est que ce désaccord n'a pas épuisé toutes les conséquences funestes qu'il contient. L'aggravation de ces conséquences est la donnée infaillible d'un changement imminent et profond dans les rapports des peuples. A ces fins il est nécessaire que l'existence de la guerre impose aussi des sacrifices à ceux qui exercent volontairement le métier des armes; que la durée de ce fléau, loin d'être favorable à leurs intérêts personnels, soit pour eux une gêne, de même qu'elle entrave le libre exercice des professions civiles, et qu'elle nuit aux intérêts de ceux qui exercent ces professions. Il faut que la paix soit désirable pour tous, en d'autres termes que le principe du service universel soit rigoureusement et intégralement appliqué et les privilèges militaires abolis.

---

(1) Déclaration d'indépendance des États-Unis, 1776.

## VII

Dans les constitutions nationales réside la cause légale de l'existence de la guerre en Europe. En effet, chaque peuple jouit, vis-à-vis tous les autres, du droit de recourir à la force en vertu de la constitution qui le régit ou qu'il s'est volontairement donnée. De toutes les lois d'État l'indépendance absolue est la moins incontestée, la plus inviolable et, il faut bien le reconnaître aussi, la plus ancienne. Il semble même qu'elle doive toujours rester en vigueur. Les empires ont fait place aux empires, les révolutions ont succédé aux révolutions, des âges nouveaux sont venus qui ont pour ainsi dire tout modifié, tout renouvelé ; mais la souveraineté intégrale des nations les unes envers les autres demeure debout, telle qu'elle fut aux époques les plus lointaines de l'histoire, aux temps d'Athènes et de Rome, dans l'Europe du moyen âge et dans l'Europe moderne. Les siècles ont passé sans entamer cette puissance redoutable qui appartient à chaque peuple, et dont l'exercice a successivement coûté à tous de si grands désastres, de si terribles calamités. N'importe ! Ils la retiennent malgré les défaites, malgré les invasions, les démembrements et les rançons, déterminés, semble-t-il, à périr plutôt que d'y renoncer. Ni le progrès continu des lumières, ni des malheurs répétés qui, à force de se renouveler périodiquement, finiront par devenir irréparables, n'ont convaincu les États de la nécessité de s'unir dans une association juridique, dans une alliance pacifique et légale. Un naturalisme excessif, un féodalisme aigu, une licence sans bornes, tels sont les faits saillants, même à la fin du XIXe siècle, de la situation internationale. On voit l'avenir couver des catastrophes, on est contraint à un armement prodigieux, à des dépenses inouïes, enfin à cette extravagance que l'on appelle la conscription générale, la levée en masse en pleine paix, les gouvernements obstinément aveugles, rebelles à toutes les suggestions de la raison et des événements, laisseront s'écrouler l'édifice péniblement bâti de la civilisation plutôt que de négocier d'un commun accord l'entente solide et durable des États sur les bases de la justice et de l'ordre!

Si les spéculateurs du militarisme sont insensés, que les nations soient raisonnables! C'est à elles qu'il appartient d'exprimer sans relâche, par des manifestations incessantes, dans des réunions multipliées et générales, leurs vœux ardents et convaincus pour la pacification européenne. C'est à elles à se faire représenter dans les Assemblées par des partisans déclarés de ce grand progrès, de cette incomparable réforme. C'est à elles enfin de créer une puissante opposition contre le fléau de la guerre, un irrésistible mouvement contre le recours aux armes dans les différends d'États et l'obligation universelle du service militaire. Déjà la propagande pacifique, la vraie, celle qui veut l'arbitrage, la paix définitive, le désarmement, se dessine et s'accentue partout. De récents congrès ont eu lieu à Milan, à Paris et à Rome; une réunion nouvelle est projetée à Berne(1). Que dans cette assemblée mémorable des partisans du bien public, la question de la paix soit posée avec fermeté, avec vigueur, avec résolution. Que les députés acquis et dévoués à cette œuvre s'y donnent rendez-vous, et qu'ils y traitent de l'abolition de la guerre, non pas seulement en philosophes ou en jurisconsultes, mais en hommes d'État et en législateurs. Le programme de la paix comprend: 1º la révision partielle et simultanée des constitutions nationales dans un sens pacifique; 2º l'abrogation des lois de la conscription générale; en d'autres termes: des rapports d'États fondés sur la justice; une organisation militaire fondée sur la liberté. Telles sont les fins auxquelles doit tendre le Comité des représentants de la paix par ses décisions d'abord, par son action collective ensuite. Trop d'efforts ont été entrepris sans résultats appréciables. Il est nécessaire, dans la réunion prochaine, qu'une volonté formelle s'affirme, que des principes incontestables soient formulés, et qu'un accord pacifique intervienne entre les députés des divers Parlements. Si ces trois conditions ne sont pas remplies, ce congrès, déjà discrédité dans l'opinion publique par les partisans de la guerre, déjà condamné à un échec inévitable et infaillible par les préjugés et les erreurs envers la paix, indifférent aux sceptiques, inconnu des soldats et complètement négligeable pour les gouvernements, restera obscur, ineffaçable et im-

---

(1) Aujourd'hui à Christiania.

puissant comme tous ceux qui l'ont précédé, et le militarisme, assuré de son triomphe définitif sur la société civile, poursuivra avec une ardeur toujours égale, l'accaparement absolu des hommes et des choses dans l'Europe contemporaine !

## CHAPITRE IV

### FAUSSES IDÉES DE LA GUERRE

Les privilégiés n'ont pas sur la nature de la guerre des idées plus nettes que sur ses origines. Ils comparent volontiers la guerre au duel. Quant à nous, c'est une comparaison dont la pensée n'est jamais venue à notre esprit, car elle nous paraît peu acceptable. En effet, qu'est-ce que le duel? Un combat singulier. De ce fait évidemment il ne peut y avoir que de grandes différences entre le choc de deux puissantes armées et une rencontre telle qu'un duel.

Pour saisir plus amplement ces différences, plaçons-nous d'abord au point de vue de la liberté. Sur le terrain, les deux adversaires en ligne sont volontairement en face l'un de l'autre. Au contraire, en campagne, sur un champ de bataille, le plus grand nombre des combattants, c'est-à-dire les soldats, subissent une obligation légale, paient un impôt, bref, échangent des cartouches parce qu'ils sont tombés au sort, et que la conscription les a amenés les uns contre les autres, indépendamment de leur volonté individuelle et spontanée. L'élément moral, ou du moins atténuant, du duel, le libre arbitre, fait absolument défaut à la guerre en ce qui concerne la portion non permanente des armées, qui est de beaucoup la plus nombreuse. Cette différence est telle qu'assurément elle met entre le duel et la guerre une ligne de démarcation impossible à franchir.

Examinons maintenant la comparaison qui nous occupe, au point de vue du droit positif. Le duel, que je sache, n'est nulle part une institution. Au contraire, le recours aux armes, dans les différends d'États, dérive des lois fondamentales, des lois constitutionnelles de chaque peuple. En général, le duel est formellement interdit par la législation, et, dans tous les cas, il n'est jamais légalement obligatoire. Mais l'emploi de la force dans les conflits internationaux est un droit positif, écrit, constitutionnel, de l'État; ce n'est point un usage, ni une coutume, ni un acte illégal : c'est un principe de politique générale accepté par les gouvernements, et textuellement contenu dans les lois organiques des différents peuples. En d'autres termes la guerre est une institution : depuis longtemps le duel a perdu ce caractère dans l'intérêt de l'ordre et de la paix publique.

Par ce qui vient d'être dit dans les deux paragraphes précédents, on se rend compte des faits considérables que l'on omet en comparant purement et simplement la guerre au duel. On n'oublie, ni plus ni moins, d'abord que l'organisation militaire actuelle comporte la conscription, et secondement que l'existence de la guerre en Europe a une origine légale. Cependant il est nécessaire d'avoir une conception nette et précise de la guerre, avant de traiter de chimères et de rêves les opinions pacifiques. Mais cela semble inutile aux adversaires de la paix, convaincus que l'on peut *a priori* déclarer cette réforme une utopie, un progrès irréalisable, sans bien connaître ni les règles en vigueur dans les rapports d'États, ni les règles futures qui rendront ces rapports conformes aux principes d'ordre, de justice et de liberté.

Loin, en conséquence, de voir dans le duel et la guerre deux faits identiques, constatons qu'ils sont tout différents, car il n'y a entre eux qu'une faible analogie qui est la suivante : c'est, dans les deux cas, la suprématie de la force. Mais, tandis que dans le duel deux individus seulement sont engagés; dans une guerre, avec le système de la nation armée, des millions d'hommes seront en présence et la vie de deux cent mille soldats en jeu; tandis que dans le duel la liberté est sauve, dans l'organisation féodale des relations d'États la conscription universelle asservit les nations; enfin, alors que le duel est un fait extra légal, la guerre, par une aberration incroyable des assemblées et des gouvernements, est et demeure la loi.

Mauvais théoriciens des rapports publics, les privilégiés confondent la lutte du bien contre le mal avec le recours aux armes dans les différends d'États. Sous le nom de guerre, ils entendent tout autre chose que la solution violente des litiges internationaux. Ils affirment que le droit de guerre et le droit de libre concurrence sont des droits analogues ! Ils répètent sans cesse, à propos de la paix définitive, cette objection que les hommes ne sont pas d'accord, comme s'il s'agissait, en désarmant, d'établir l'harmonie constante de toutes les opinions et de tous les intérêts! C'est pourquoi l'un d'eux a écrit que l'état social était un état de guerre. Affirmation absolument contradictoire, puisque, dans toute société régulièrement constituée, l'emploi de la force, en matière de différends, est rigoureusement interdit, et que cette interdiction est la preuve la plus manifeste de l'état social, comme aussi le pouvoir contraire révèle un profond désordre.

Dans l'analyse de la situation générale, on veut à tout prix que la guerre soit synonyme de toute espèce de débat, de démêlé, d'attaque, de lutte. Or, les dissentiments, les rivalités commerciales, les contestations judiciaires, n'ont rien de commun avec le naturalisme des rapports d'États. Tous ces maux ne supposent pas la guerre, mais l'imperfection native et incurable de notre nature. Ce qui révèle la guerre, ce sont les lois organiques de chaque État qui l'instituent en Europe. L'explication tangible et naturelle du militarisme international, c'est la faiblesse des sentiments et des idées pacifiques. Ce qui révèle la guerre, ce sont les lois de recrutement général, l'impôt du sang, l'asservissement des peuples au métier des armes, les batailles, les sièges, les bombardements et les volées de cartouches. Mais pour les privilégiés un signe de guerre, c'est la douane!

Cette obstination à entendre par la guerre n'importe quel fait d'antagonisme les a entraînés dans une foule d'erreurs. Ils ont dit qu'elle était le fond de la religion. Or, les principes de toute religion déclarent que le ministère du culte et l'exercice volontaire ou obligatoire du métier des armes sont incompatibles. Ces principes ne sont-ils point une éclatante et mémorable protestation contre la guerre ou plutôt en faveur de la paix individuelle, de la liberté pacifique? La religion a pour but de réprimer les entraînements des sens, de combattre nos passions ; son essence est la lutte des bons contre les mauvais penchants, de la vertu contre le vice, mais la condamnation de la violence, particulièrement sous forme de conscription. Sans doute une entente parfaite a toujours régné entre l'Église et la portion permanente des armées ; mais il n'y a pas lieu de conclure de cet accord que les ministres de la religion aiment la guerre pour eux-mêmes. Quant à leur dévouement au féodalisme des rapports d'États, il s'explique par ce fait qu'à toutes les époques ils ont été personnellement exempts des charges militaires.

« La guerre et la religion se donnent la main. » Non, en vérité, mais la religion et la liberté de la paix. Cette alliance ayant jusqu'à ce jour existé, l'Église n'a point songé à l'absence de relations juridiques entre les peuples. En ce sens on peut dire qu'elle soutient le fléau de la guerre. Du moment où à son tour elle sera asservie, il est indubitable qu'elle doit se prononcer en faveur de l'ordre international.

Proudhon ajoute, en s'adressant aux amis de la paix: « Allez-vous supprimer le sacerdoce? » Les faits répondent à cette question et démentent cette hypothèse. Dans l'opinion du clergé, quelle manière plus sûre de le supprimer que de le contraindre à servir? Eh bien, les amis de la paix ont-ils pris l'initiative de cette mesure? Est-ce à eux que l'on doit l'établissement du service militaire universel? Mais cette innovation l'Église elle-même l'a acceptée, elle l'a consacrée de son vote! Confiante dans les sympathies d'une Assemblée qui lui était dévouée, elle a cru que les Assemblées ultérieures seraient aussi bienveillantes. En quoi elle s'est trompée. En soi le système de la nation armée ne comporte d'exception envers aucune classe du pays; la loi est formelle à cet égard, et tôt ou tard l'Église devait en subir les effets. Elle aurait dû comprendre, avant d'appuyer la révolution militaire du siècle, que cette révolution emporterait son privilége. Je suppose qu'il y ait eu une part d'animosité contre la religion dans l'extension au clergé des charges personnelles de la guerre, mais telle n'est point la cause vraie, primordiale, réellement effective; cette cause elle est surtout dans le développement militaire contemporain, dû à l'absence prolongée de relations pacifiques entre les peuples. Ainsi donc, contrairement aux conjectures de Proudhon, rien ne peut être plus funeste à l'Église que la durée indéfinie du fléau de la guerre, et, loin de porter atteinte à la religion, la paix définitive lui assure son libre exercice.

On affirme, sans hésitation, que « la guerre est l'état normal de la créature », « une loi de notre âme », « une loi du monde ». On ne dirait pas si aisément qu'il n'y a dans la nature humaine que des goûts et des instincts belliqueux ou plutôt une seule vocation : celle des armes. On ne supprimerait pas ainsi d'un trait de plume la société civile et tous les éléments qui la composent. Il semble, vraiment, à lire ces étranges généralisations, qu'un seul art est connu, l'art militaire ; qu'une seule profession est désirée et désirable, la profession militaire. Cependant l'on n'a jamais entendu dire que le goût du métier des armes ait amené la pénurie de candidats d'élite pour les autres professions ; il n'y a jamais eu de révolte pour faire élever le chiffre des contingents annuels ; ce n'est pas à la suite d'insurrections multiples et renouvelées que les lois du service militaire universel ont été promulguées. La guerre est si peu la condition de toute créature que, depuis plusieurs siècles en Europe, le nombre de ceux qui n'ont pas été assujettis au service militaire et à l'impôt du sang est infiniment supérieur au chiffre de ceux qui ont supporté ces charges. Et du jour où on veut que la guerre soit universelle, l'opposition aussi sera unanime.

Que si l'Europe n'avait pas seule le monopole du recrutement général, si le système de la nation armée était en vigueur en Amérique et en Asie, je suppose, et dans les autres contrées du globe, si les peuples acceptaient de cœur et d'âme cet asservissement sans pareil, alors je comprendrais à la rigueur que l'on pût dire de la guerre, aujourd'hui et aujourd'hui seulement, qu'elle est une loi du monde. Mais l'armement extraordinaire auquel nous assistons est purement européen ; mais les lois de la conscription générale, même en

Europe, ne sont pas rigoureusement et intégralement appliquées. Enfin, en admettant la pratique tout-à-fait sincère du service militaire universel, il ne saurait être question, à propos de ce principe, que d'une loi écrite, non d'une loi morale, voulue, accueillie avec reconnaissance par les peuples. Pourquoi donc exagérer un mal, déjà assez grand, l'étendre à l'infini, au point de le rendre si ancien, si considérable et si invétéré, qu'on le puisse regarder d'avance comme défiant tous les efforts afin d'en chercher les causes et d'en découvrir le remède ?

Un ministre anglais, hostile à une proposition pacifique, s'est servi de cet argument : « L'homme est un animal qui se bat, » formule dont voici le sens exact : L'homme est imparfait ; car, si on la prenait au pied de la lettre, il faudrait en conclure que l'ordre, la justice, la paix publique, le gouvernement, les lois, la société, ce sont des mots sans réalité subjective ni signification pratique. On oublie trop, ce me semble, les progrès acquis, les réformes obtenues, les gains incontestables de la civilisation, quand on combat la réforme internationale et que l'on en discute la possibilité. C'est un fait curieux que cette tendance des privilégiés à comparer l'homme aux êtres inférieurs, dès qu'il s'agit de l'amélioration sérieuse des rapports d'États : les uns, il est vrai, comme La Bruyère par exemple, pour le mettre au-dessous des bêtes ; les autres, au contraire, pour affirmer délibérément que, dans leurs rapports respectifs, les peuples n'ont pas plus de raison qu'elles. La guerre, disent-ils, est la destinée des animaux, c'est donc la destinée des peuples. Une logique si flatteuse ne peut appartenir qu'à eux. Lord Palmerston, bien entendu, malgré sa belle définition de l'homme, ne s'était lui-même jamais battu. Il n'était ni officier ni soldat. Il a géré pendant plusieurs années le département de la guerre sans avoir de sa vie vu le feu. Non seulement il n'avait point passé par les rangs, puisque cette obligation n'existe pas en Angleterre, mais encore il n'exerçait pas le métier des armes. Et il a étayé son discours contre la paix sur une conception absurde de la nature humaine, dans tous les cas sur un mépris complet de la société civile et une ignorance absolue de l'organisation militaire, car, de son temps, ne pas se battre était la condition presque universelle et la sienne propre!

« Comme il y aura toujours des procès, comme ils sont aussi inévitables que la guerre... » Ici la guerre devient analogue aux litiges privés ! Mais le recours à la force n'est point un conflit, c'est un mode de solution spécial aux États pour régler leurs querelles et peu en harmonie assurément avec la raison, la justice et la morale. Les procès supposent une législation commune, des droits mutuels, des devoirs réciproques parfaitement définis, la consécration du principe que nul ne doit être juge et partie dans sa propre cause, la discussion, l'ordre enfin, toutes choses dont la guerre, dans les relations internationales, constate l'absence. Dès lors pourquoi assimiler, quant à la durée, des faits si distincts ? La guerre sera depuis longtemps abolie en Europe et cependant les procès y fleuriront toujours, parce que les procès ont une autre origine que la guerre, parce que nous ne serons jamais parfaits, mais qu'un jour nous voudrons en majorité que les dissentiments publics comme les dissentiments privés soient résolus par les voies pacifiques. Mais le sens social du progrès dans les rapports d'États échappe sans cesse aux privilégiés qui veulent y voir quand même la réforme intégrale de nos idées et de nos mœurs, je ne sais quel idéal bien loin de notre pensée et de nos vues. L'on s'étonne vraiment d'avoir à réfuter des hypothèses et des comparaisons si fausses, si vaines, si ténues et néanmoins si dangereuses. Souvent, en effet, l'indifférence, l'inertie ou même l'opposition envers la paix, n'ont pas d'autre cause que cet écart de l'intelligence, passant du fléau de la guerre à notre faillibilité naturelle, et raisonnant sur la situation internationale comme s'il s'agissait, en l'améliorant, de recréer l'homme et de refaire l'œuvre de Dieu !

Il est nécessaire, quand on fait la théorie de la guerre, de bien préciser ce dont il s'agit. Les privilégiés, lorsqu'ils parlent de ce fléau, pensent moins au naturalisme des rapports d'États qu'à l'une des conséquences de ce fait déplorable, qui est la guerre. Mais, préalablement aux combats, il y a l'absence de relations policées entre les peuples, situation consacrée par le droit constitutionnel de guerre. De ce droit dérive l'organisation militaire, laquelle comprend l'obligation de servir, aujourd'hui quasi universelle, et l'exercice volontaire du métier des armes. Ce n'est pas seulement le fait de la guerre qu'il importe d'étudier, mais surtout les lois qui l'instituent et qui le préparent. En d'autres termes, les lois militaires et les constitutions nationales : tels sont les éléments nets, précis, déterminés, indispensables, d'une véritable théorie sur les rapports d'États.

Ni Grotius, ni Hobbes, n'ont traité doctrinalement de la paix et de la guerre. Quant aux philosophes tels que Hegel, Spinoza, Proudhon et Joseph de Maistre, il est permis de dire, sans être trop sévère, qu'en matière internationale ils ont divagué. Ce sont eux qui ont répandu dans l'esprit du public les plus absurdes préjugés, les plus détestables préventions sur l'accord juridique et légal des peuples. C'est à eux que l'on doit cette masse d'erreurs théoriques dont l'effet se traduit par une profonde inaction pour le progrès international. Ils ont posé systématiquement les principes du désordre et de l'anarchie dans la politique extérieure, condamnant d'avance les nations, et à perpétuité, aux armements prodigieux et insensés de ce siècle. Les assemblées et les gouvernements appliquent ces principes, et, encore aujourd'hui, ont foi dans leur valeur et espèrent dans leur éternelle durée. Oui, ces théoriciens dangereux sont parvenus à faire de la perpétuité de la guerre et de l'impossibilité d'abolir ce fléau des vérités de premier ordre, dont un bien petit nombre d'hommes d'État en Europe se permettraient de douter. Alors qu'arrive-t-il ? Que les propositions pacifiques sont rejetées sans débats, que le désarmement est remis à une époque si lointaine qu'elle est inconnue, que les budgets de la guerre, avec une émulation fatale, s'accroissent partout indéfiniment; bref, que l'on prépare de sang-froid aux générations futures des luttes et des catastrophes dont l'Europe ne se relèvera pas.

Mais pense-t-on que les privilégiés, en agissant de la sorte, croient se tromper? Non. Ils sont convaincus qu'en promulguant les lois de la conscription générale, ils ont été des législateurs incomparables; qu'en refusant de voter les propositions de désarmement, ils sont pétris de sens, de prévoyance et de sagesse; qu'en refusant d'entreprendre, comme on les y invite parfois, des négociations pacifiques, ils entendent comme il convient leur rôle de ministres, et que, s'ils accueillaient ces invitations, on pourrait justement dire d'eux qu'ils ne comprennent rien aux rapports des peuples!

Telles sont les convictions des privilégiés en matière internationale, convictions absolument fausses en théorie et désastreuses dans la pratique. Il appartient aux peuples, édifiés par les charges présentes de la guerre, d'imposer aux gouvernements et aux assemblées d'autres vues et d'autres résolutions sur la position respective des États. C'est ce rôle que sont naturellement appelés à remplir les soldats de la bourgeoisie avec le concours et l'aide toute puissante des soldats du peuple.

## CHAPITRE V

### FAUSSES IDÉES DE LA PAIX

Les privilégiés exagèrent les conséquences de l'abolition de la guerre. Ils supposent que la paix définitive aura pour résultat la félicité parfaite de chaque citoyen; que les institutions pacifiques seront l'avènement de l'âge d'or.

Faute d'une conception réfléchie du progrès international, ils dépassent la pensée, le but, les vœux des amis de la paix, qu'ils appellent rêveurs et utopistes, alors que le rêve et l'utopie sont dans leur propre esprit. De sorte qu'ils prêtent leurs imaginations, pour les en accuser et les railler, à ceux-là mêmes qui apprennent pour la première fois de leur bouche ou de leur plume qu'ils ont ces bizarres, ces extraordinaires, ces étranges desseins. L'ignorance en matière pacifique surprend et confond. On se demande comment elle peut exister, avoir cours, se répandre et envelopper ainsi de tant d'ombre et d'obscurités l'idée spéculativement si simple, si pure et si lumineuse de la réforme internationale.

Quels seront, au point de vue individuel, les résultats les plus clairs et les bienfaits les plus appréciables de l'accord juridique et légal des peuples? L'abrogation de la condition de soldat, l'exemption des charges militaires, la liberté de la paix. Est-ce à dire que les hommes ne formeront désormais qu'une famille, qu'il n'y aura plus trace de dissentiments entre eux, et que le bonheur idéal régnera sur la terre. Non, sans doute, mais l'asservissement au métier des armes sera aboli, l'indépendance des professions civiles et des carrières libérales reconnue, un dualisme funeste abrogé, chaque service public rendu à sa fin propre dans l'État. Il ne faut pas maintenant conclure de l'abrogation des lois conscriptives que la profession des armes deviendra superflue et les emplois militaires inutiles. L'abolition de la guerre n'entraîne point le licenciement des armées; cette réforme ne préjuge pas non plus la suppression des frontières; car, pour faire régner l'ordre et la justice dans leurs rapports, les États ne sont pas nécessairement contraints de ne former qu'une république unique ou qu'un seul empire. Que de choses on prétend que la paix doit supprimer qui seront très bien maintenues ! Que de choses, au contraire, l'on prévoit qui ne se produiront point, je veux dire l'union parfaite et inaltérable des peuples, la fin des passions humaines, une concorde chimérique, l'exclusion de tout litige d'État ! Autant d'espérances vaines et irréalisables dont on ne ferait pas un argument contre la paix, si on voulait bien réfléchir aux bienfaits précis, apparents, positifs, que procure chaque jour l'état social. Qu'est-ce, en effet, que l'obéissance des citoyens à des lois communes, à des institutions collectives, sinon la prépondérance de la justice sur la force et de l'ordre sur l'arbitraire, mais surtout l'exemption pour chacun d'eux d'avoir à défendre individuellement sa personne et ses biens, grâce à une force publique mise au service du droit et utilisée pour la sécurité générale? Que si le contraire avait lieu, ce serait un fardeau intolérable et l'anarchie en permanence. Eh bien, sous une forme différente, le féodalisme international crée des charges analogues. C'est au naturalisme des rapports d'États que l'on doit le service militaire universel, la déchéance des professions civiles, des dépenses incalculables, pour tout dire le système de la nation armée qui est un fléau. Les peuples de l'Europe ne s'en affranchiront que par une entente légale, qu'en se résolvant à obéir à des institutions communes, qu'en renonçant à leur souveraineté intégrale et à leur indépendance absolue, qu'en limitant leurs droits respectifs et en s'imposant des devoirs réciproques. Telles sont les conditions du progrès pacifique; elles précisent les maux de l'existence de la guerre et les bienfaits de la paix définitive.

Nous avons dit que la réforme internationale n'entraînait pas la ruine de toute organisation militaire ni le nivellement des frontières. Ce qui sera supprimé par l'établissement de la paix, ce sont les prisons et les cellules, les compagnies de discipline et les ateliers de travaux publics, les sections de mutilés volontaires, les désertions et les exécutions; ce qui sera supprimé, ce sont les immenses hécatombes que la guerre prépare, les décès innombrables de soldats qui succombent de la fièvre typhoïde dans des casernes sans air et parfois sans eau, ou qui meurent de désespoir, ou qui périssent dans des explosions de tous genres ; ce sont les larmes des mères, les veuvages prématurés ; les destructions, les incendies que la guerre allume ; les annexions maudites, les exils en masse qui les suivent ; les rançons qui engendrent des dettes si lourdes ; les emprunts énormes qui accompagnent toute guerre heureuse ou malheureuse ; les traités qui morcèlent l'État vaincu ; les défaites et les capitulations qui ulcèrent le cœur d'un peuple et le précipitent dans la colère et la vengeance ; tous les maux de la guerre enfin plus grands, plus accablants, plus intolérables qu'ils ne le furent jamais !

C'est une grave erreur sans contredit que les fausses présomptions que le progrès international fait naître si communément. Sur ce point surtout se révèle l'ignorance des écrits et des principes pacifiques. On exagère sans mesure, on tombe dans la confusion, on conçoit des sentiments presque extravagants, on se livre à tous les écarts d'une imagination déréglée. Ou bien la paix définitive est présentée comme un nouvel Eden, comparable seulement au paradis terrestre, ou, au contraire, elle devient, par une singulière antinomie, la corruption des mœurs. Car c'est un fait remarquable que le projet d'abolir la guerre, mal étudié ou mal compris, donne lieu dans l'esprit de ceux qui ne veulent pas en admettre la réalisation, aux fins les plus éloignées, les plus dissemblables, les plus contradictoires. Il nous semble facile de démontrer le peu de valeur de ces conjectures. L'application de la justice aux relations individuelles n'a pas, que nous sachions, dépravé et amolli les habitants des États civilisés. Pourquoi l'arbitrage international produirait-il un si déplorable résultat? Pareillement les lois, les institutions, l'ordre social, ne font pas, je suppose, que chacun de nous soit idéalement heureux, bien que toutes ces choses soient si précieuses, si bienfaisantes, si nécessaires. Peut-on penser sérieusement que l'accord juridique et légal des peuples, quoique fécond en incomparables bienfaits, ne nous laisserait plus rien à désirer? Vraiment le progrès se heurte à de puériles objections, à de funestes nonsens, à d'étonnants préjugés.

Que les opinions pacifiques sont une preuve de mollesse, c'est le dernier reproche que les privilégiés devraient nous adresser, car ne se blâment-ils pas eux-mêmes de jouir de la paix! Cependant telle est l'inconséquence de l'esprit humain et telle était aussi la vanité de ce grief, qu'ils se sont bien gardés, afin de conformer les actes à la théorie, de réclamer la suppression de leurs privilèges pacifiques. Et assurément, si le service militaire universel a été établi, ce n'est point parce que les nations européennes étaient efféminées. La mise en vigueur de ce principe résulte purement et simplement de la permanence du recours aux armes dans les différends publics.

Souhaiter le désarmement, l'abolition du fléau de la guerre, des relations d'États légales et juridiques, l'ordre international enfin, ce n'est point être dépourvu d'énergie ni incapable de courage. Mais qu'étaient donc les privilégiés qui ont répandu ces insinuations sur les amis de la paix, eux qui ne faisaient point la guerre et qui étaient indifférents ou hostiles au progrès de la civilisation en Europe ?

Ils soutiennent que la paix définitive affaiblirait les nations. Or, que contient cette réforme ? L'abrogation des lois de la conscription générale. S'est-on avisé de dire, avant la promulgation de ces lois, que la conscription partielle était une cause d'amollissement pour les peuples ? En fait, les priviléges pacifiques, qui ont duré tant de siècles, et dont jouissaient la bourgeoisie, l'église et l'université, toute l'élite enfin des États, n'ont jamais été un élément de corruption. Si on les a abrogés, ce n'est point pour fortifier le corps et la santé des individus, mais pour la sécurité du pays ou le développement de l'organisation militaire. Les peuples se sont bien portés quoiqu'ils ne fussent point armés du premier jusqu'au dernier citoyen. L'établissement du christianisme, la révolution française, la tolérance et le libéralisme, tant d'autres grands progrès réalisés jusqu'à ce jour, ont-ils eu pour auteurs des hommes qui avaient été contraints au métier des armes ? On voit quel cas mérite cette absurde objection des privilégiés qui, d'ailleurs et le plus souvent, en faisant le procès de la paix définitive, instruisent leur propre jugement et la condamnation de leur temps et de leurs œuvres.

La vertu et la vigueur des peuples ne sont pas subordonnées au servage militaire. L'histoire tout entière de l'organisation des armées qui, jusque vers la fin de ce siècle, ont tenu si peu de place dans les États, démentent ce vain argument en faveur de la guerre. C'est une nouvelle erreur des privilégiés et une faute énorme des gouvernements de placer dans la condition de soldat, qui diminue l'homme puisqu'elle l'asservit, l'origine de la grandeur des peuples.

Loin que la paix débilite les nations, c'est la guerre au contraire qui les affaiblit. Les données de la science et de l'histoire attestent, sans doute possible, que la virilité des peuples décroît par ce motif que la guerre leur enlève les sujets les plus forts et les plus vigoureux. Si ce fait déplorable a été constaté, alors que le recrutement n'était que partiel, quel accroissement sensible ne recevra-t-il pas du système de la nation armée qui, en temps de guerre, doit doubler et tripler le nombre des victimes? Les épidémies de fièvre typhoïde, qui ravagent les casernes, et qui, dans un seul État, ont fait périr six mille soldats dans l'espace de quelques années, sont-elles favorables à la santé? Les marches forcées et imprévues des grandes manœuvres sont-elles hygiéniques? L'usage exclusif de l'eau est-il une condition de vigueur et de tempérament?

On a de tout temps trop loué la profession des armes, comme si c'était la seule où l'on pût déployer des vertus viriles! Ah! l'humanité serait bien malheureuse, elle serait bien désolée, si le sacrifice et la vaillance étaient l'apanage exclusif de la profession militaire, s'ils ne pouvaient éclater que dans les combats! Il ne faut certes pas amoindrir les qualités guerrières, mais c'est le comble de la vanité et de l'erreur de prétendre que hors la guerre, hors le métier des armes, il n'y a que mollesse et corruption !

Ce que des chefs militaires ont dit de la paix pour eux-mêmes et leurs troupes à un point de vue technique, des philosophes ignorants et superstitieux l'ont appliqué à la paix en général, c'est-à-dire à tous ceux qui exercent des professions civiles, confondant la nation avec l'armée. On comprend que la paix ne soit pas favorable aux grandes combinaisons de l'art militaire, qui ne peuvent être conçues et surtout exécutées qu'en campagne. On comprend encore que la paix n'impose point des fatigues aussi dures aux hommes sous les drapeaux que la guerre elle-même. Mais il n'est pas moins clair que, lorsqu'on est dans la société civile, la paix est nécessaire à la profession de son choix, et que la guerre au contraire l'interrompt ou la ruine.

L'accord juridique et légal des peuples ne suppose pas la suppression intégrale des différends d'États et *a fortiori* des litiges individuels; mais simplement qu'ils seront résolus par l'arbitrage au lieu de l'être par la force. Ce changement sera un très grand progrès, mais enfin il n'est ni identique ni analogue à la perfection de la nature humaine. Nous ne prétendons point que les querelles internationales disparaîtront pour toujours; nos vœux se bornent à l'abrogation du recours aux armes pour les terminer. Limité de la sorte, le progrès pacifique n'est pas un rêve; l'utopie consiste dans les fausses espérances que ce progrès fait concevoir aux adversaires de la paix. Les conflits sont inhérents à la nature humaine et sans doute indestructibles; les moyens de décider qui a tort ou qui a raison sont changeants et variables. L'abolition de la guerre en conséquence n'est pas la cessation de toute cause d'antagonisme ou d'inimitié : c'est la pratique d'une méthode nouvelle en vue de mettre fin aux désaccords momentanés des peuples, « l'extension des idées de justice et de liberté aux relations internationales. »

Je ne connais pas d'argument plus dérisoire contre une paix sérieuse que l'intention que l'on nous prête de vouloir supprimer tous les conflits. A l'expression de cette idée : il faut abolir la guerre, on répond : il y aura toujours des différends. Eh ! mon Dieu ! il ne s'agit point de savoir si les peuples vivront désormais dans un accord parfait et une concorde immuable, mais s'ils jouiront indéfiniment du droit constitutionnel de guerre les uns contre les autres ; il s'agit de savoir si des lois collectives, une juridiction commune, un conseil général d'arbitres, ne sont pas des institutions nécessaires en Europe dans l'état actuel de l'armement, alors que la guerre menace des milliers et des milliers d'existences aussi indispensables à l'éclat moral et intellectuel des peuples qu'à leur prospérité matérielle. Théoriquement le progrès international n'est pas un problème compliqué, mais tel est l'empire des préventions contre ce progrès qu'il paraît contenir une foule de bienfaits chimériques et irréalisables, et que, sur cette présomption toute spontanée et tout irréfléchie, on le rejette immédiatement, *a priori*, sans examiner quelle est sa signification réelle, quelles seront ses conséquences positives.

Il n'est pas superflu d'insister sur ce point et de

répéter que les armées ne seront pas licenciées parce que la paix sera conclue, mais que l'on décidera seulement la réduction et l'équilibre des forces militaires. La paix est avant tout l'abrogation des lois conscriptives et de la condition de soldat, partant le recrutement libre, l'enrôlement volontaire tant pour la portion permanente que pour la portion non permanente des armées. Tel est le résultat inévitable du progrès pacifique. Mais d'avance, et comment ne pas le comprendre sans aucune hésitation, préventivement pour ainsi dire? ce progrès ne doit amener le désarmement intégral, attendu que les armées ont pour mission autant d'assurer l'obéissance aux lois et le maintien de l'ordre que de garantir, contre l'invasion, l'indépendance et l'intégrité de la patrie. La réforme des rapports d'États modifiera leur rôle en ce sens qu'elles auront, non plus seulement à faire respecter les lois particulières de chaque peuple, mais aussi les lois pacifiques, les institutions générales et collectives, en d'autres termes les clauses du pacte fondamental. En résumé, l'accord juridique et légal des États aura sur les armées trois conséquences: la diminution sensible de l'effectif, une mission nouvelle, et enfin un autre mode de recrutement pour la portion non permanente, c'est-à-dire la suppression du service militaire obligatoire. Les armées, après la réforme pacifique, ne seront composées que d'hommes libres. Soldats et officiers seront volontairement sous les drapeaux. Les lois de la conscription générale ont fait de cette dernière conséquence le bienfait le plus considérable, le plus important, le résultat capital de l'amélioration solide et durable des rapports d'États, celui qui fera désirer et réaliser par les peuples le grand progrès de la pacification européenne.

L'abolition de la guerre ne saurait menacer ni compromettre l'ordre public à l'intérieur. En effet, la réduction des armées permanentes n'entraîne point, d'aucune manière, la réduction soit de la police, soit de la gendarmerie. Il est présumable, au contraire, que la force publique, chargée de maintenir l'ordre ainsi que la sécurité des personnes et des biens, sera augmentée à la suite de l'accord juridique et légal des États. Le désordre ne peut donc point naître de la réforme pacifique ; une crainte de cette nature est un préjugé sans raison plausible, sans motif réel, répandu par les adversaires de la paix. Non seulement l'ordre matériel sera complètement sauvegardé, mais encore il recevra une garantie morale incontestable de l'amélioration des rapports publics, du progrès des idées et de la justice dans les relations des peuples. Les partisans de la paix ont le sentiment inné et profond de l'ordre. En effet, quelle forme plus éclatante de l'anarchie que le naturalisme international, la suprématie de la force dans les litiges des nations, l'instabilité territoriale des États ? La guerre est une cause de désordre chaque jour plus saisissante. Les maux qu'elle engendre ne concernent plus seulement l'État en général ; par le système de la nation armée, elle trouble toutes les professions civiles.

Il n'est pas douteux que le droit de guerre est, en principe, de par les données seules de la raison pure, en opposition formelle avec l'idée d'ordre. Cela n'est contesté par personne en ce qui regarde les rapports individuels. Il n'y a là ni souveraineté, ni indépendance, ni autonomie qui tiennent; l'individu est désarmé, le recours à la force lui est rigoureusement interdit. Cela s'appelle d'un mot bien connu et qui se définit de lui-même: l'ordre. Qu'importe maintenant que les États jouissent chacun constitutionnellement, légalement, avec une parfaite égalité, du droit de guerre? Le désordre est régulier, légal, à l'état d'institution, voilà tout; mais il est impossible de voir, dans la position respective des États, autre chose que la violence, la confusion et l'arbitraire. Le progrès de l'ordre est intimement lié au progrès international.

Que si les amis de la paix prétendaient poursuivre cette réforme par des moyens extra légaux tels que l'indiscipline, l'insurrection des soldats envers leurs chefs, l'abandon du drapeau, on pourrait, non sans motifs, reprocher à leur propagande pacifique d'être un élément grave de troubles et de bouleversement. Mais telle n'est pas la voie qu'ils ont suivie; ils ne se sont point engagés dans un mouvement semblable, et leurs efforts, leurs écrits, leurs discours ont été tels, que jamais l'action répressive d'un gouvernement quelconque ne s'est exercée contre eux. Ainsi, à quelque point de vue que l'on se place, la prévention contre l'établissement d'une paix durable que j'essaie de réfuter, n'est admissible. Les principes pacifiques annulent d'eux-mêmes ce grief. Il suffit de connaître ces principes pour se rendre compte qu'ils ne contiennent rien de nature à justifier des appréhensions sur le maintien de la sécurité publique à l'intérieur des États. Malgré le désarmement, chacun des contractants conservera une organisation militaire suffisante pour réprimer au besoin toutes tentatives criminelles, politiques ou autres. Mais il n'est pas nécessaire de quinze cent mille soldats pour assurer la stabilité des institutions ou le respect de la propriété, et garantir l'intégrité du territoire avec des forces militaires si considérables, si excessives, avec cet effectif fabuleux, est la preuve décisive de l'état déplorable où se trouve la société européenne, que l'on pourrait croire composée de nations barbares, selon le mot d'un homme d'État français, si l'esprit des peuples n'était pas en plein désaccord avec la lettre des constitutions. Avoir besoin de deux à trois millions d'hommes pour protéger l'indépendance nationale, n'est-il pas évident que la guerre enfante des folies, et que ce risque, si redoutable d'ailleurs, a ôté toute sagesse et toute prudence aux assemblées et aux gouvernements. Voilà cependant ce qu'ils ont fait : ils ont armé les nations au lieu d'opérer leur rapprochement sur les bases solides de la justice et de l'ordre. Eux et nous, nous aurons à regretter cette extravagante politique.

Finalement, qu'est-ce que la paix définitive ? L'abolition de la guerre, l'institution d'un tribunal international, la révision des lois constitutionnelles dans un sens pacifique. Que veulent les amis de la paix ? Que les peuples aient des droits et des obligations réciproques ; que ces droits et ces obligations soient définis, promulgués, sanctionnés. Tels sont les principes et les vœux pacifiques. Que contiennent-ils d'irréalisable et d'impossible ?

Il est évident que le progrès international ne concerne pas seulement l'État ; qu'il doit aussi avoir des conséquences individuelles. A cet égard, il faut entendre, par la paix, des relations internationales telles que les armées, dans chaque pays allié, seront composées exclusivement de volontaires. La liberté de la paix dont, pendant tant d'années, le peuple seulement n'a pas joui, mais qui aujourd'hui est enlevée à toutes les classes de la nation ou à peu près, sera accordée, non plus comme un privilège à quelques uns, mais comme un droit à tous. La liberté de la paix reconnue, l'obligation de servir abrogée : voilà les bienfaits individuels de l'abolition de la guerre en Europe. Cette réforme est la cause même des soldats. Elle affranchit, elle libère les peuples asservis au métier des armes. Nous souhaitons que ce métier devienne pour tous une profession, que seule la portion permanente de l'armée soit maintenue dans chaque État pour défendre le pacte nouveau, les dispositions constitutionnelles relatives à l'ordre international, les arrêts de la justice commune.

Ainsi la paix est la situation d'un État dans lequel, grâce au désarmement, les lois de la conscription générale sont abrogées, le servage militaire aboli. Ces bienfaits incomparables ne sont possibles que si un progrès non moins magnifique, je veux dire l'accord juridique et légal des peuples, s'accomplit. Alors, dans l'Europe pacifiée, les forces libres et réunies des États alliés suffiront à défendre contre toute opposition les intérêts légitimes de la fédération la plus belle qui fût jamais.

Deux faits résument la réforme internationale : l'ordre et la justice dans les rapports publics, et pour chacun de nous la liberté pacifique.

## CHAPITRE VI

### OBJECTIONS PRÉVENTIVES

Quand on leur parle d'abolir la guerre, les privilégiés demandent : Comment ? Mais par les moyens ordinaires qui amènent tout changement et tout progrès : par l'association, par la presse, par la parole, par les contributions volontaires, par la diffusion des idées pacifiques, par les réunions à l'intérieur et internationales. En posant cette question, ils croient embarrasser les amis de la paix. Que s'ils demandent par quelles institutions... ? Ces institutions seront aisément trouvées quand la volonté générale voudra que la paix définitive règne. Mais il serait vain, avant cet événement, de tracer des plans, quelque parfaits qu'ils fussent, d'une organisation juridique entre les nations, si d'ailleurs on n'accomplissait aucun acte contre l'existence de la guerre. Les privilégiés pensent qu'il faut des moyens extraordinaires pour supprimer ce fléau, et c'est encore là une de leurs erreurs. Ils ne peuvent pas examiner de sang-froid la réforme pacifique. Ce progrès déconcerte leur esprit. Ou ils conçoivent un idéal inaccessible tel que la suppression absolue de tous les différends, une fraternité inaltérable, une effusion perpétuelle; ou ils supposent qu'il est nécessaire d'employer des efforts singuliers qu'ils ne se figurent point et dont l'indication leur semble devoir fortement gêner tous les partisans de la paix définitive. Mais, pour imposer aux gouvernements la pensée de conclure un accord général, ne faut-il pas préalablement créer et développer une puissante opinion pacifique? Et quels sont les faits utiles à ce résultat, sinon de parler, d'écrire, de se réunir et de s'associer? La vérité est que l'on ne veut pas agir dans le but d'améliorer les rapports des peuples, et, non content de cette inaction obstinée, on nie la valeur de l'action pacifique se traduisant par les œuvres les plus simples autant que les plus efficaces. Celui-ci affirme que le désarmement s'opérera de lui-même; cet autre, qu'avant de devenir un ami actif de la paix, il veut lire la formule achevée de l'organisation future. Il n'est point d'excuse enfin que n'invente l'incrédulité ou l'indifférence en matière pacifique.

De ces doutes, envers la portée d'une propagande personnelle et directe, est née l'importance excessive que l'on attache aux relations commerciales comme source de rapports policés entre les peuples. Pour une paix solide et durable, les voies nouvelles de communication, la multiplicité des échanges, les expositions universelles, la fréquence des congrès internationaux sur des questions étrangères à l'accord définitif des États, le développement même de l'instruction, tous ces faits sont pour ainsi dire illusoires. Ce qu'il y a de véritablement précieux, de vraiment efficace et puissant, c'est la volonté particulière et individuelle de chacun, s'exprimant par des écrits, par des discours, par des réunions, par des associations, tous résultats de convictions intimes et inébranlables. Les promoteurs d'une exposition universelle, les hommes qui participent à un congrès d'hygiène ou d'électricité, qui coopèrent au percement d'un tunnel ou d'un isthme, ne sont pas *a priori* des amis de la paix. Les services qu'ils rendent aux nations sont d'une autre nature; ils n'ont point pour but l'abolition de la guerre en Europe; et voilà pourquoi ces œuvres ne peuvent ne contribuer que bien faiblement au progrès des relations internationales. Mais les fondateurs d'une société de la paix, ceux qui parlent ou qui écrivent contre la perpétuité du recours à la force dans les différends publics, qui entreprennent un long voyage pour assister à une réunion générale en faveur de l'arbitrage, qui contribuent de leur argent à couvrir les frais de cette réunion, voilà quels sont les hommes qui ont positivement des vues, des desseins, une volonté pacifiques, et leurs actes, dont l'objet est nettement défini dans ce sens, sont aussi glorieux et incomparablement plus féconds et plus utiles pour l'amélioration des rapports d'États. Non pas que nous voulions nier l'heureuse influence que peuvent avoir, au point de vue de la réforme internationale, toutes les œuvres de civilisation; mais il est absolument nécessaire de prévenir toute confusion, de définir clairement les hommes et leurs actes, et de rendre à chacun ses titres. Car l'esprit public ne sait pas encore distinguer, avec une suffisante précision, un fait pacifique d'un événement qui n'a point ce caractère, et il ne connaît pour ainsi dire pas quels sont les amis de la paix, à cause de cette erreur si répandue de rattacher certains faits à d'autres qui, malgré quelque analogie, sont néanmoins très dissemblables, car ils ne sont accomplis ni dans les mêmes intentions, ni aux mêmes fins, ni par les mêmes hommes. Il est profondément utile à la cause de la paix de faire cette division, d'établir la netteté et la clarté en cette matière, car aucune réforme peut-être n'a donné lieu à plus de confusions, de préjugés et d'erreurs.

Un ministre, qui a présidé une exposition ou qui en a pris l'initiative, ne doit point s'imaginer qu'il a beaucoup fait pour la paix. Combien ont la conscience satisfaite, et sont convaincus qu'ils ont aidé sérieusement, qu'ils ont contribué dans une large mesure au progrès des relations internationales, parce qu'ils ont discouru devant une réunion d'exposants et rendu service au commerce et à l'industrie ! Non, les progrès de l'industrie et du commerce européens, ou même universels, sont des progrès secondaires, tant que la force est souveraine en Europe, que les peuples sont asservis au métier des armes, que les États peuvent être rançonnés et démembrés. L'on s'étonne vraiment de voir un ministre attacher une si haute importance civilisatrice aux expositions universelles ou aux routes nouvelles, quand du soir au lendemain deux millions d'hommes peuvent marcher les uns sur les autres, chacun le fusil sur l'épaule et cent vingt cartouches à la ceinture! Eh, mon Dieu! que l'on renonce à tous les projets d'expositions, de tunnels et de canaux internationaux! Que nous font ces entreprises! Depuis que les lois de la conscription générale ont été promulguées, il n'y a qu'un dessein qui puisse nous intéresser et servir la civilisation, c'est l'établissement de la paix définitive en Europe.

Faut-il tenir compte, contre cette réforme, des distinctions de race, de langage et de mœurs? Différences négligeables si l'esprit ne diffère pas, si les vœux sont identiques, si l'on souffre des mêmes maux, si l'on espère les mêmes bienfaits, si l'on supporte impatiemment une servitude partout semblable, si l'on est assujetti à une condition pareille sous tous les cieux, si enfin on veut des changements analogues dans les rapports d'États. La raison n'est-elle point partout capable de comprendre et de saisir la vérité?

Les différences qu'objectent contre le progrès pacifique les partisans de la perpétuité de la guerre n'ont pas empêché les amis de la paix de se rencontrer dans maints congrès, de faire réciproquement partie d'associations étrangères. Quant aux soldats, ont-ils seulement besoin de se réunir et de s'associer pour que d'avance ils sachent quel cas il convient de faire de ces prétendues causes de dissentiments? Ils répondront aux adversaires de la paix dans tous les Parlements de l'Europe: Nous endurons la même inégalité; nous sommes soumis à des châtiments également rigoureux; nous avons les mêmes maîtres; la discipline n'est pas plus douce envers les uns qu'envers les autres; nos demeures, notre nourriture, notre paye se valent; les prisons et les cellules d'une caserne française sont à bien peu de chose près semblables aux cellules et aux prisons d'une caserne italienne ou allemande; enfin partout nous sommes asservis. Ne nous parlez donc plus de ces vieilles distinctions qui n'ont pas ému les amis de la paix et qui paraissent aux soldats une objection dérisoire. Nous voulons chercher ensemble le remède à nos maux, nous intéresser au bien collectif des peuples, parce que notre libération commune en dépend. Éclairés par l'expérience directe et personnelle des maux de la guerre, nous avons appris des choses nouvelles que nous ne connaissions point et qui nous serviront à nous allier et à nous unir. Menacés dans notre vie, dans notre rang et notre liberté, nous nous tendons la main, nous nous regardons en frères, en camarades, en amis; nous sommes soldats enfin, c'est-à-dire partisans de l'abolition de la guerre, de l'accord juridique et légal des peuples, de la subordination des États les uns aux autres dans les limites de la justice et de ce qui est actuellement possible; nous sommes soldats, et tous les soldats ont une patrie commune, celle dans laquelle ils fonderont l'ordre et la paix.

J'ai entendu dire à la fois que, si la guerre était abolie, il y aurait trop de bien-être, excès de ressources, embarras de richesses; et encore que, si cette réforme s'accomplissait, la terre serait trop peuplée et ne pourrait nourrir tous ses habitants. Accordez, si vous pouvez, ces opinions diverses, ces avis différents, ces points de vue éloignés. Mais la conclusion des privilégiés ne varie pas ; quel que soit l'argument qui vienne à leur esprit ou qu'ils laissent tomber de leurs lèvres, finalement ils affirment que l'abolition de la guerre est une utopie. Leurs contradictions prouvent tout uniment leur légèreté quand ils traitent la question des rapports des peuples, et, dans tous les cas, qu'ils n'ont jamais cherché à se rendre compte des résultats véritables de la pacification. Ah ! voilà un sujet auquel ils ne songent pas souvent. Peut-être même se reprocheraient-ils de perdre le temps qu'ils consacreraient à cette étude. Elle leur paraît *a priori* dépourvue d'intérêt, indigne de leur attention, superflue en un mot. Soit ; mais au moins qu'ils adoptent une opinion uniforme ; qu'ils choisissent entre l'excès de misère ou l'excès d'opulence ; qu'ils prononcent que l'humanité doit être perpétuellement décimée par le fléau de la guerre ou condamnée de toute éternité par ce même fléau à une misère relative! Nous saurons à quoi nous en tenir. Nous comprenons qu'ils préjugent l'accord des peuples impossible, puisqu'il leur est si malaisé de s'entendre eux-mêmes. Ces gens si positifs, si sensés, si éclairés, disent tantôt blanc, tantôt noir, avec un laisser-aller qui leur plaît sans doute, mais qui est inacceptable. J'espère que leur choix fait, que le problème dont ils nous fournissent les éléments résolu, ils abandonneront contre la paix définitive cette objection qu'il en résulterait en Europe un surcroît dangereux d'habitants. Car leurs convictions sur ce point, si elles persistaient, ne les obligeraient à rien moins qu'à donner l'exemple, qu'à joindre l'action à la théorie et qu'à s'immoler les premiers pour ne pas laisser, à leurs proches ou à leurs compatriotes, le choix entre la mort ou la faim. Beau dévouement dont, à leur gloire, nous les croyons capables ! Au pis-aller, s'ils refusaient ce sacrifice personnel, ils demanderaient qu'il fût procédé régulièrement, légalement et périodiquement, à l'extermination inéluctable dont, je suppose, ils n'exempteraient cette fois ni les instituteurs, ni les prêtres, ni eux-mêmes. Ah ! quelle superbe conscription ! Quels contingents complets ! Pour ces hécatombes inspirées par une si louable pensée, par un si vif amour de l'humanité, par une si haute sagesse et tant de sens pratique, personne ne trouverait grâce. Plus d'infirmes, ni de nains, ni de rachitiques, ni de variceux ! Les soutiens de famille, les fils aînés de veuves, les aînés d'orphelins de père et de mère, allons donc ! Pour tous justice égale, pour tous l'inexorable fatalité, pour tous le tirage au sort dans l'intérêt général. Car ces théoriciens fameux, ces penseurs remarquables, ces puissants esprits nous diraient à quel chiffre il faut fixer la population du globe, comment il faut répartir entre les États les habitants de la terre, et comment, ce nombre dépassé, il devient impérieux, par une immolation infiniment regrettable mais non moins infiniment nécessaire, de le ramener à la proportion établie. Non, les privilégiés ne sauront jamais combien leurs arguments contre l'abolition de la guerre sont irréfutables et quel droit ils ont à se rire et à se gausser des partisans de la paix. Qu'ils nous raillent donc, qu'ils nous plaisantent même, car ils sont forts, très forts !

Leurs actes en matière internationale sont à la hauteur de leurs théories. Avec eux et sous leur direction, ni l'esprit public ne s'égarera, ni les intérêts des peuples ne péricliteront, au prix de quelques existences s'entend, mais qui oserait s'en plaindre? L'extermination des armées, c'est le salut du genre humain!

On répète bien souvent que les institutions pacifiques, une fois établies, ne dureraient pas. Les lois collectives, les conventions communes, auront pour première sauvegarde l'appui de ceux qui les auront préparées ou conclues, et qui sans doute voudront les maintenir. Or, il n'est pas contestable qu'il faudra un plus grand effort de volonté pour allier les États civilement et juridiquement que pour perpétuer cet accord. Si donc on réussit à fonder la paix, on doit nécessairement réussir à la faire durer. Fait bizarre, il se trouve que ces craintes hâtives sur la stabilité des institutions pacifiques sont exprimées par ceux-là mêmes qui ne croient pas à l'abolition possible de la guerre, et dont l'activité, en conséquence, ne s'exerce jamais en faveur du progrès international. Leur première pensée n'est pas pour la beauté et la grandeur de l'entreprise, non, ils la supposent accomplie, mais ils ajoutent aussitôt qu'elle serait provisoire. Ainsi ils ne tiennent nul compte de l'établissement préalable de la paix; ils ne considèrent pas l'effort si considérable qui est nécessaire pour arriver à ce résultat. S'ils avaient conscience de leur indifférence ou de leur inimitié envers la paix, des travaux persistants et de toute nature qui s'imposent aux partisans de l'ordre international pour modifier les idées en Europe, et rendre les gouvernements favorables à leurs vues, à la réalisation d'un progrès tel que celui de l'abolition de la guerre, sans doute ils seraient moins prompts à penser que les institutions pacifiques seront inefficaces et aisément compromises. Il y a lieu de croire plutôt que, promulguées et sanctionnées, les lois de la paix seront obéies parce qu'elles feront partie intégrante de la constitution et qu'elles auront pour elles l'adhésion presque unanime de l'opinion publique. La même majorité qui les aura établies veillera à leur conservation, et tant qu'elles répondront aux véritables besoins de la société européenne, tant qu'elles seront en harmonie avec l'état des esprits et de la civilisation, elles défieront tous les ressentiments, elles surmonteront tous les obstacles. Si la paix définitive disparaît après que les peuples auront recueilli ses bienfaits, ce ne sera point pour une restauration de l'état de guerre, mais pour faire place à un plus grand progrès, les États-Unis d'Europe.

# CHAPITRE VII

## IMPOPULARITÉ DE LA GUERRE

Un apologiste du désordre international affirme plusieurs fois dans un de ses écrits que la guerre est populaire. Comment cela se pourrait-il, du moment que le peuple ignore quelle est la nature des rapports d'États ? En réalité la guerre n'a jamais joui du crédit public, ni même, sous forme de conscription, de la faveur des partisans de la perpétuité de ce fléau en Europe. Les lois militaires, imposées jusqu'à ce jour au peuple seulement, prouvent que la condition de soldat a toujours été considérée comme la plus lourde des charges, le plus dur des impôts, l'obligation la plus oppressive. Tous les moyens propres à s'y soustraire le peuple les a cherchés, et il n'en a point trouvé de meilleur que celui de se réfugier dans l'Église. Le règne de la force en matière internationale peut-il le séduire, alors que c'est de ce fait qu'il a déjà subi, pendant de si longues années, l'obligation de servir à laquelle il redoutait par-dessus tout d'être assujetti ?

Tant d'insurrections, tant d'exils, la nécessité des plus rigoureux châtiments, sont l'irrécusable témoignage de l'impopularité de la guerre. Quant à la bourgeoisie, elle a toujours pris soin de faire les lois de recrutement remplies de privilèges. Enfin une condition obligatoire n'a jamais été et ne sera jamais populaire. Les privilégiés n'auraient pas imaginé ce panégyrique de la guerre s'ils avaient réfléchi qu'eux-mêmes jouissaient sans regrets de la liberté de la paix, et que le peuple en pleurait la perte sous la voûte des prisons et des cellules.

Quelle est la conséquence la plus grave du féodalisme européen, sinon la conscription, et n'est-ce pas mentir à l'histoire, mentir à la vérité, n'est-ce pas outrager le peuple sous tous les cieux que de dire que la conscription, qui a fait tant de victimes et même tant de martyrs dans son sein, lui est chère ? Depuis qu'ils sont contraints au métier des armes, paysans et ouvriers détestent la guerre, inconsciemment sans doute parce qu'ils ne se rendent point compte que cet asservissement a pour origine l'absence de relations policées entre les États, mais qu'importe ! ils n'en ont pas moins pour ce fléau une haine dont tous les soldats de la bourgeoisie ont entendu et recueilli l'expression pendant la vie commune sous le même toit et à la même table. L'abrogation de la conscription est ce qu'ils désirent du fond du cœur, et comme cette réforme est la conséquence de la fin de la guerre, est-il téméraire de prétendre que de tout temps, et aujourd'hui comme hier, les soldats du peuple sont partisans de l'établissement de la paix définitive en Europe? On voit par là combien certains privilégiés se sont trompés en opposant le sentiment des foules à l'opinion des philosophes et en affirmant que le peuple, malgré les économistes et les jurisconsultes, avait le culte de la guerre, l'adoration de la force. Non. Le peuple a le culte du droit, parce que depuis qu'il est asservi à la conscription, le droit est violé en lui. Instruits par les soldats de la bourgeoisie sur l'origine de leurs maux, qui aujourd'hui leur est inconnue, les soldats du peuple se déclareront les ennemis de la guerre et les partisans d'une réforme qui doit rendre à tous, à eux et à nous, la liberté.

L'arbitraire et le bon plaisir de l'État dans les relations extérieures n'ont jamais eu l'appui et l'approbation que des classes dirigeantes, ne se doutant même pas de la défaveur dans laquelle elles tenaient cependant ce régime, en s'octroyant à elles-mêmes, sous tous les prétextes, dans les lois du service militaire obligatoire, le privilège de ne pas servir et d'échapper aux conséquences personnelles de leurs erreurs et de leur propre folie en matière internationale. La bourgeoisie, l'université et l'église ont longtemps montré cette étrange contradiction d'être obstinées à jouir des privilèges pacifiques et de rejeter tout ensemble jusqu'à l'idée de l'abolition de la guerre. Au contraire, le peuple n'a cessé de haïr l'absence de justice dans les rapports d'États. Comment en eût-il été autrement? Il ne connaissait la guerre que sous forme d'impôt; elle ne lui rapportait rien, rien que la servitude ou la mort. Il faut ignorer, comme un privilégié, la condition de soldat, pour dire que la situation internationale, qui comporte l'asservissement au métier militaire, est populaire. Les propositions de désarmement n'ont encore été repoussées que dans les Parlements de privilégiés, mais non dans les casernes ou par des Assemblées composées en majorité de soldats. Ce n'est pas le peuple qui a demandé ou établi la conscription, ce sont ceux qui savaient d'avance qu'ils ne la subiraient point. L'extension de l'idée de justice aux relations internationales gît plutôt dans la conscience du peuple que dans la raison des académiciens ou les plans des hommes d'État. L'établissement d'un tribunal international paraît un dessein naturel et réalisable à tel soldat sans instruction et sans lumières, tandis qu'il stupéfie la faible intelligence de ce professeur, lauréat d'une Académie !

C'est qu'il n'y a pas de source plus vive de progrès que l'expérience des maux personnels et individuels que crée une situation. Et certes, s'il est une classe dans la nation, ayant souffert de l'existence de la guerre en Europe, n'est-ce pas celle du peuple, seul contraint depuis tant d'années aux lois de recrutement? N'est-ce pas lui qui a toujours versé son sang dans toutes les guerres justes ou injustes? N'est-ce pas pour lui qu'ont existé les prisons, les cellules et les ateliers de travaux publics? N'est-ce pas lui dont les noms remplissent les archives des conseils de guerre, dont les fils ont été exécutés pour infractions à des lois terribles, d'autant plus terribles que le plus souvent ni les intérêts, ni les goûts, ni le caractère ne les rendent supportables? Ne parlons plus de la popularité de la guerre, mais de l'ignorance et de l'incapacité des privilégiés relatives aux rapports d'États.

Si les privilégiés ont placé toute la nation sous les drapeaux et l'autorité professionnelle des chefs militaires, c'est dans un intérêt de sécurité, de défense, intérêt qu'ils ont compris, non parce qu'ils avaient conscience de l'existence de la guerre en Europe, de l'absence de relations policées entre les peuples, mais parce que leur armée a essuyé des désastres et que leur pays a été envahi, rançonné, démembré. Leur mobile, en promulguant les lois de la conscription générale, a été purement militaire; l'esprit de justice, c'est-à-dire d'égalité, ne les a pas inspirés; ni l'esprit pacifique ou le dessein d'instruire les peuples, par l'expérience personnelle et individuelle des maux de la guerre, sur les dangers et la honte de l'absence d'institutions communes en Europe. Aussi n'attendent-ils de leur œuvre que des résultats militaires, l'aggravation des conséquences de l'existence de la guerre. Ils pensent former des générations plus féodales encore que celles du passé, plus avides de licence en matière internationale, plus haineuses, plus rebelles enfin à l'avènement de la justice et de l'ordre en Europe. Mais ils se trompent. Les lois du service universel ne sont pas entrées dans les mœurs, comme ils le croient. Ces lois ont une tache originelle, c'est qu'elles n'ont pas été consenties par ceux-là qui devaient les subir, et qu'elles ont été établies par des hommes qui n'avaient pas connu eux-mêmes les obligations qu'ils imposaient désormais à tous les citoyens. Des lois ainsi faites peuvent-elles être durables? Jamais la conscription partielle n'a été ratifiée par le peuple, et la conscription générale n'a pas davantage la sanction morale de la bourgeoisie, de l'université et de l'église, dans aucun État de l'Europe. Sous l'empire de quelle situation d'ailleurs ont été promulguées ces lois détestables, sinon sous l'influence de l'état de guerre, tour à tour plus périlleux pour chaque nation à certain moment de son histoire? Que si la conscription générale peut être acceptée un instant par la raison, c'est par suite de l'ignorance de la nature des relations entre les peuples qui en sont la cause première; mais cette cause première connue et ne pouvant être approuvée, il en résulte fatalement que les charges militaires ne peuvent être supportées que temporairement, avec la certitude qu'elles sont un mal, la conséquence d'un mal, et avec la ferme volonté de les supprimer en abrogeant la guerre elle-même en Europe.

La servitude ne peut pas entrer dans les mœurs des nations européennes. En apparence il semble que les lois du service militaire universel et obligatoire sont acceptées; en réalité, elles sont impatiemment obéies. L'origine de cette erreur chez les privilégiés, de cette vaine et coupable espérance, c'est qu'ils n'apprécient pas dans leur véritable signification, les actes d'opposition à ces lois, actes bien sensibles cependant et qui sont la fuite, l'exil, la mutilation volontaire, la mort même, parfois la vengeance. Il y a longtemps que cette protestation des soldats du peuple existe, mais elle n'a jamais été pour ainsi dire remarquée par ceux qui jouissaient du privilège de la paix perpétuelle. L'histoire des soldats, ils ne l'ont ni faite, ni connue ; mais combien de natures cependant peu éclairées, peu cultivées, ont marqué de la sorte leur invincible attachement pour la paix et pour la liberté ! Ah ! que ne peut-on raconter cette rébellion inébranlable, sortie des profondeurs de la conscience, contre l'ordre vicieux qui règne entre les États ! Des lois qui n'ont d'autre origine que l'absence de relations internationales policées, juridiques, pacifiques, légales enfin, voulaient leur imposer des obligations contraires au vœu de leur cœur, odieuses à leurs sentiments, funestes à leur profession et à leurs intérêts; ils s'y sont dérobés, et avec justice, innocents qu'ils étaient des erreurs, des préjugés et des passions qui s'opposent à l'établissement de la paix définitive en Europe !

## CHAPITRE VIII

### ACCORD DU PATRIOTISME AVEC L'AMOUR DE LA PAIX

Une prévention très répandue est de croire que l'amour de la paix est incompatible avec le patriotisme. Le goût de la paix est seulement inconciliable avec un tempérament belliqueux, avec la vocation militaire. Et tel est le vœu de la nature qui a diversifié les aptitudes et donné aux hommes tant d'inclinations différentes. Quant au désir de voir régner l'ordre international, ce dessein n'est opposé qu'à l'opinion contraire. Mais de savoir quels sont ceux qui servent le mieux leur pays, des amis du rapprochement légal des peuples ou des adversaires de ce grand progrès, c'est une question que les privilégiés ont toujours tranchée en faveur de ces derniers, sans raison. Partisan de la paix définitive, on veut des relations policées entre les peuples, la cessation du désordre international si funeste à tous les États ensemble et à chacun d'eux en même temps. Peut-on dès lors être ennemi de son pays ? Aucun code n'a jamais mis les convictions et les actes pacifiques au nombre des crimes de haute trahison. Ce serait la plus détestable erreur dont les privilégiés se seraient rendus coupables. N'est-ce pas aimer sa patrie que de vouloir qu'elle jouisse d'une paix perpétuelle ?

Nous avons certainement une conception plus élevée de l'État que les ennemis de la pacification et un patriotisme aussi vif que le leur. Quels sont en effet nos vœux et le but de nos travaux? L'abolition de la guerre, c'est-à-dire du plus grand fléau de la patrie. Nous voulons tarir la source des invasions et des démembrements, restaurer la société civile mise en péril par les lois de la conscription générale, rendre à des millions d'hommes la liberté que ces lois leur ont ravie ; nous voulons l'inviolabilité éternelle du territoire national par l'accord des gouvernements à reconnaître chaque État en Europe propriétaire du sol qu'il occupe.

Les hommes dévoués à ces desseins, à ces progrès admirables, sont, ainsi que le disait au dix-septième siècle, en parlant de son souverain, un ministre illustre, homme de guerre éminent, les amis des nations en général et de chacune d'elles en particulier. « Ses vues [1] ne lui étaient point inspirées par une petite et misérable ambition, ni bornées à un léger et bas intérêt. Il voulait rendre la France éternellement heureuse. Et comme elle ne peut goûter une parfaite félicité qu'en un sens toute l'Europe ne la partage avec elle, c'est le bien de toute la chrétienté qu'il voulait faire et d'une

---

[1] Les projets de Henri IV.

manière si solide que rien à l'avenir ne fût capable d'en ébranler les fondements. » Que les partisans de la perpétuité de la guerre cessent de prétendre, après un tel témoignage, que l'amour de la paix est incompatible avec le patriotisme, et qu'également les chefs militaires victorieux de ce temps renoncent à soutenir que la guerre est un élément de l'ordre du monde établi par Dieu !

Non seulement l'intérêt de la civilisation générale n'est pas opposé à celui de la nation dont nous sommes les fils, mais on ne comprend pas l'un sans l'autre. On n'aime véritablement sa patrie que si l'on combat l'absurde isolement des États européens. L'établissement de la paix définitive est la cause patriotique par excellence. En effet, c'est une réforme qui réunit pour un seul objet tous les habitants du même pays sans distinction de naissance, de fortune, ni d'opinions. C'est un progrès, dont la réalisation, intéressant les soldats, intéresse la nation elle-même. L'absence d'institutions pacifiques, dont la traduction nationale, si l'on peut s'exprimer ainsi, est la conscription universelle, a rallié contre le fléau de la guerre toutes les classes. Sous le drapeau de la pacification européenne il n'y a, selon les amis de la paix, que des amis de la civilisation, et, selon nous, que des soldats. De même que la défense militaire du territoire incombe à tous, ainsi la réforme, qui doit substituer la justice à la force dans les différends d'États, est le premier intérêt de tous ceux qui sont asservis au métier des armes et à la condition de soldat.

Si les amis de la paix conseillaient la désertion, l'indiscipline, la désobéissance aux lois militaires, s'ils demandaient l'abrogation de la conscription dans leur pays seulement, si enfin ils compromettaient l'application de ce principe de défense essentiel que, dans l'état actuel des relations internationales, chaque nation doit être au moins aussi bien armée que celle qui l'est le mieux, alors je comprendrais qu'on leur reprochât de mettre en péril l'existence de la patrie et même d'en préparer la ruine ; mais loin d'encourir de tels griefs par la propagation de telles doctrines, les amis de la paix, au contraire, se soumettent scrupuleusement aux lois militaires, remplissent tous les devoirs que leur impose la défense du territoire, et donnent les premiers l'exemple de bons et loyaux citoyens. Combien donc est injuste l'accusation qu'on leur a adressée d'être un danger pour leur pays, de manquer de patriotisme ! Ce n'est pas seulement par des mots, par de vains arguments, que nous la repoussons: notre conduite est notre témoignage et une irrécusable preuve de notre fidélité et de notre affection envers la patrie.

Mais, à notre tour, examinons les actes de ceux qui formulent contre les amis de la paix d'aussi odieuses et d'aussi fausses invectives. Voyons comment ils se comportent envers le pays et si leur façon de le servir est irréprochable. Imbus de la nécessité pour la nation d'être formidablement armée, d'être toujours prête, d'être forte et énergiquement préparée à défendre son territoire et ses droits, ils acceptent les dépenses militaires, mais est-ce que nous en demandons la réduction? Ils avertissent les chambres et le gouvernement de développer l'armement, d'entourer les places frontières de fortifications solides et nombreuses, mais est-ce que nous demandons que ces villes soient des places ouvertes? Enfin ils remplissent les charges et les obligations du service militaire, mais est-ce que nous nous y sommes jamais dérobés; est-ce que nous avons fait une démarche dans le but de nous soustraire aux mêmes devoirs et aux mêmes charges?

Ainsi donc les partisans de la perpétuité de la guerre ne sont pas fondés à se présenter en vrais et seuls patriotes. Ils ne servent pas exclusivement leur pays et ils ne consentent pas seuls pour lui à tous les sacrifices. Bien plus, nous disons, nous croyons fermement que ce n'est pas suffisamment aimer sa patrie que de ne pas désobéir à ses lois, que d'assurer sa sécurité, que d'être prêt à la défendre au péril même de sa vie, il est encore du devoir d'un citoyen éclairé et véritablement soucieux de la grandeur et de la prospérité nationales, d'un bon citoyen, de considérer quelle est la situation comme État, comme peuple, comme membre d'une communauté de nations, de son propre pays; de considérer si les rapports extérieurs sont à ce point parfaits et bien établis qu'ils ne doivent subir aucune modification.

En accusant les amis de la paix d'être les ennemis de la patrie, on tombe dans un excès. On voudrait donc rayer de l'histoire les propositions de désarmement, les congrès contre la guerre; dissoudre les associations pacifiques, brûler les écrits favorables à la paix, anéantir soixante ans d'efforts, de travaux immortels! Non. La pacification est une œuvre invincible; elle a son histoire qui est belle déjà, des destinées encore plus glorieuses; elle ne peut être en contradiction ni avec la sécurité, ni avec l'indépendance de la patrie. Au contraire, elle lui procurera tous ces biens plus sûrement que le développement militaire le plus intense, comme les relations policées, établies entre les citoyens et fondées sur les lois, la justice et une force publique, les garantissent aux particuliers avec plus d'efficacité et de certitude que si chacun d'eux était contraint de défendre ses droits personnellement et les armes à la main.

Les privilégiés partisans de la guerre n'ont jamais convaincu ceux d'entre eux amis de la paix de manquer de patriotisme; ils peuvent bien moins espérer de faire accepter cette erreur, d'opposer avec succès cette objection aux soldats du peuple et de la bourgeoisie qui servent doublement leur pays, par leur présence sous les drapeaux et par l'action pacifique. Pourquoi les défenseurs de la guerre, qui pensent si faussement qu'on peut à la fois exercer une profession indépendante et accepter la condition de soldat, avoir du renom dans une science ou un art quelconque et demeurer à l'école primaire de la guerre, se résoudre enfin à un dualisme impossible, refusent-ils d'admettre que l'on soit en même temps soumis aux lois militaires, aux obligations qu'elles imposent, et partisan d'une paix durable? Il serait étrange qu'ils voulussent que toutes les professions civiles, les sciences, les lettres et les arts, la religion elle-même, soient lésés par l'accrroissement exagéré de l'armement contemporain, sans que tous les membres de la société civile et religieuse menacée cherchent le remède à tant de désordre et de confusion. En réalité, ce qui ne peut pas se comprendre, l'entreprise absurde, l'utopie en un mot, c'est l'œuvre tentée à la fin du xixe siècle par les gouvernements de tout subordonner à l'organisation militaire et de transformer les nations en armées. C'est l'essai le plus bizarre, le plus extraordinaire, le plus rétrograde, et qui est destiné à un avortement prochain.

Les soldats partisans de la paix définitive sont donc, je le répète, deux fois patriotes : d'abord parce qu'ils veulent assurer à leur pays les bienfaits de cette grande réforme ; et puis parce qu'en l'absence d'ordre international, ils sont prêts à accomplir tout leur devoir à la caserne et en campagne pour défendre la nation qui leur a donné le jour et à laquelle ils sont invinciblement attachés.

Que les privilégiés ou les chefs militaires dévoués à l'état de choses existant dans les rapports d'États, n'espèrent point que les soldats, quels que soient leur instruction ou leur rang, se laisseront considérer par eux, sans protester, sans les confondre, comme des utopistes ou de mauvais citoyens. Car telle est l'alternative dans laquelle ils nous placent! Les peuples choisiront entre eux et nous, entre les partisans de la perpétuité de la guerre et les adversaires de ce fléau, où sont les amis du progrès, les meilleurs serviteurs de la patrie.

## CONCLUSION

Le caractère des peuples n'est plus tel qu'il était il y a seulement quelques années. Il y a eu dans les États « une révolution d'armée, » une modification profonde, dont les privilégiés n'apprécient ni la nature ni l'importance, parce que la loi, qui a produit cette modification, les a épargnés. Il n'est survenu aucun changement sensible dans leur condition, leurs droits, leur indépendance individuelle, leur profession, leurs penchants naturels, partant dans leurs sentiments et leurs idées.

Entre les privilégiés et nous, il y a toute la distance d'une révolution militaire. Les soldats n'ont point de préjugés contre l'abolition de la guerre ; ils ne déclarent pas impossible l'établissement de la paix définitive, parce qu'ils désirent cette réforme et qu'ils savent que la majorité d'entre eux la veulent. Ils peuvent ignorer de quelle manière elle se fera, mais ils sont sûrs de sa réalisation prochaine. Les soldats ont perdu tout ce que les privilégiés ont conservé : liberté de la paix, unité de profession, rang dans la société civile, les prérogatives légitimes du talent ou du génie. N'est-ce pas un immense changement dans l'esprit, dans l'état, dans le caractère d'un homme que d'avoir deux genres d'occupations à la fois, dont les unes ont si peu de similitude avec les autres? Dans la société civile les soldats ne connaissent que des pairs, et dans les rangs que des maîtres. Les soldats ont comparé leur nouvelle condition à leur profession ordinaire et à la profession militaire. Il y a une aussi grande inégalité entre la condition de soldat et la profession civile qu'entre cette même condition et la profession des armes. Les soldats peuvent-ils porter un jugement favorable sur la situation que leur crée l'absence d'ordre entre les États?

La condition de soldat est évidemment la dernière de toutes les conditions, et vous ne voulez pas qu'elle ait été imposée à l'élite des peuples, sans que nos opinions, en matière internationale, aient cessé de ressembler à celles des privilégiés! Les soldats de la bourgeoisie ont réfléchi insensiblement à la nature des rapports des peuples, c'est dans l'imperfection de ces rapports qu'ils ont vu la cause première de leur asservissement et de tous leurs maux. Dès lors leur pensée a été de supprimer une condition, qui vient immédiatement après le servage, par une réforme internationale, par l'abolition de la guerre, par un rapprochement pacifique et légal des États. C'est pourquoi il n'est point un soldat éclairé qui ne considère comme réalisable un progrès jugé jusqu'à ce jour chimérique ; il n'est point un soldat qui élèvera contre ce progrès les ridicules objections des privilégiés. Nous ne dirons pas que le prix de la pacification serait l'autonomie, l'indépendance, la dignité morale des nations, puisque les lois de la conscription générale nous ont enlevé tous ces biens, et que, pour les recouvrer, il est nécessaire d'abolir la guerre en Europe, de fonder l'ordre international.

Entre les privilégiés et les soldats il y a toute la différence de deux civilisations. Les privilégiés, sauf les amis de la paix, sont du parti de la perpétuité de la guerre, et les soldats du parti de l'abolition de ce fléau. Les soldats ne sont ni incrédules ni sceptiques sur la réforme pacifique. Ils la regardent, au contraire, comme accomplie en principe, par ce fait seul que les peuples sont tous également asservis au métier des armes, et qu'une telle servitude n'est pas durable. Les privilégiés n'ont aucune notion pour ainsi dire de la position respective des États, qui est antijuridique et antisociale ; les soldats voient cette situation comme ils voient le soleil. Les privilégiés sont superstitieux envers les chefs militaires ; les soldats n'ont plus de préjugés envers eux. Enfin, il y a pour les soldats une étroite, une indissoluble solidarité entre l'indépendance individuelle et l'entente pacifique des peuples ; elles se confondent, elles sont inséparables. En effet, leur libération définitive, par l'abrogation des lois de la conscription générale et de la condition de soldat, est attachée à cette réforme admirable. C'est pourquoi, je le répète, les soldats ne partagent contre l'abolition de la guerre, d'un fléau qui les contient tous pour eux, aucune des préventions absurdes des privilégiés. Aujourd'hui, par une contradiction où se marque la volonté de Dieu, les nations ou, ce qui est même chose, les armées sont composées en majorité d'hommes qui désirent non pas seulement devenir les égaux des chefs militaires, dérisoire progrès ! mais qui veulent poursuivre et achever la plus grande réforme des temps présents et de tous les temps, l'établissement de la paix définitive en Europe.

# TABLE

|  | Pages |
|---|---|
| Avant-Propos . . . . . . . . . . . | V |
| Introduction . . . . . . . . . . | 1 |

### Chapitre premier
Erreur de la perpétuité de la guerre . . . . 5
§ I. Pourquoi la paix définitive est possible.
§ II. Pourquoi la paix définitive est prochaine.

### Chapitre II
Des causes de l'existence de la guerre d'après les privilégiés . . . . . . . . . . . 45

### Chapitre III
Des causes véritables de l'existence de la guerre. 71

### Chapitre IV
Fausses idées de la guerre . . . . . . . 149

### Chapitre V
Fausses idées de la paix . . . . . . . 161

## Chapitre VI
Objections préventives . . . . . . . . . . 177

## Chapitre VII
Impopularité de la guerre. . . . . . . . . 187

## Chapitre VIII
Accord du patriotisme avec l'amour de la paix . 195

Conclusion . . . . . . . . . . . . . 203

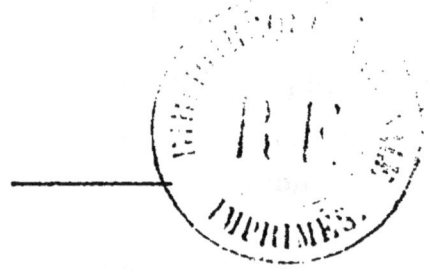

www.ingramcontent.com/pod-product-compliance
Lightning Source LLC
Chambersburg PA
CBHW051918160426
**43198CB00012B/1939**